Recreation Event Series Vol I

파티 · 잔치 레크리에이션

박창영 저

일신서적출판사

우리 사회가 글로벌(global) 시대, 정보 산업의 시대로 돌입하면서 실로 많은 변화가 이루어졌다. 직장의 근로 제도는 이미 주 5일 근무제가 실시되었고, 학교에서는 CA 활동과 같은 여가 활동이 보편화되고 있다.

그리고 행사가 많이 이루어지고 있는 호텔 연회장이나 대형 음식점은 물론 가정에서도 이제는 크고 작은 레크리에이션 이벤트가 이루어지고 있다.

돌잔치, 약혼식 파티, 결혼식 파티, 회갑·칠순·팔순 잔치, 은혼식·금혼식 잔치, 동창회 파티, 송년 파티 등 ……. 이런 행사들이 예전에는 전해 내려오는 관습에 따라 전문가들의 도움을 얻어 계획되어지고 진행되는 것이 상식이었으나, 요즈음에는 이런 흐름도 많이 달라졌다. 꼭 전문가가 아니더라도 행사를 개성 있게 계획하고 준비하여 진행하는 사례가 늘어나고 있는 것이다.

이 책은 바로 이런 점에 착안하여 기획하고 제작되었다.

제1장에서는 파티·잔치·축제 레크리에이션의 유형을 알아보고, 제2장에서는 그 행사에서 적절히 활용할 수 있는 레크리에이션 프로그램 자료들을 모아 보았다.

파티·잔치·축제의 문화가 생활 주변에서 누구나 뜻 있게 계획하고 준비하여 진행하는 대중 문화가 되어 우리들의 삶에 활력이 되고 풍요로움을 창출하는 바탕이 되었으면 한다.

책이 나오기까지 아낌 없는 격려와 도움을 주신 여러분께 마음으로부터 감사를 드린다.

박 창 영

II 주의 집중을 위한 레크리에이션

Ⅲ 짝(파트너)과 즐기는 레크리에이션

Ⅳ 분위기 조성을 위한 레크리에이션

제 1 장

파티 · 잔치 · 축제 레크리에이션의 유형

Ⅰ 돌잔치

출생 1년을 기념하여 생일 낮 12시, 혹은 저녁 7시, 전통적으로는 집에서 가족과 가까운 친척들이 모여 잔치를 하는 것이 보통의 돌잔치이다. 그러나 최근에는 동네에 있는 뷔페(buffet) 식당이나 호텔 연회장에서 가족과 친지들, 이웃을 초청하여 돌잔치가 대부분 이루어진다.

(1) 돌상 차림

떡과 과일이 중심이 되어 백설기, 수수떡(수수 경단), 송편, 인절미, 찰떡(찹쌀 경단), 무지개떡 등의 떡과 과일로는 계절에 따라 사과, 배, 복숭아, 귤, 바나나, 수박, 참외, 밤, 대추 등 여러 가지를 풍성하게 차린다.

(2) 돌잡히기

돌잔치 주인공의 장래를 점치는 순서로, 돌상에 올려 놓은 쌀, 국수, 돈, 실, 활과 화살(주인공이 딸이면 활과 화살 대신 가위, 자, 바늘을 준비), 책, 종이, 붓, 먹 등을 잡게 하는 것을 돌잡히기라 한다.

주인공이 돈이나 곡식을 잡으면 부자가 된다고 하고, 국수나 실을 잡으면 장수하고, 활과 화살을 잡으면 장군이 된다고 하며, 책, 종이, 붓, 먹 등을 잡으면 학자(선비)가 된다고 한다.

(3) 돌복(돌쟁이 옷)

남·녀에 따라 내용을 달리하였는데, 남자 아이는 보라색 또는 회색 바지, 분홍색 또는 색동저고리, 금박 또는 은박 무늬를 찍은 남색 조끼, 색동 마고자, 색동 두루마기, 금·은박이의 전복과 복시(복건)를 입힌다.

여자 아이는 색동 저고리, 빨간색 긴 치마, 금박 또는 은박 무늬를 찍은 조바위, 타래 버선과 염낭을 준비하여 입힌다.

(4) 프로그램

과거 전통적인 돌잔치는 거의 형식적이어서 특별한 프로그램이 없었다. 몇 사람의 가족들이 시간 차이를 두고 참석하여 돌쟁이를 안아 주고 덕담을 하며 돌반지나 옷 등을 선물하고 식사를 하는 분위기가 주를 이루었다.

최근에는 칸막이도 없는 연회장에서 몇몇 돌잔치가 동시에 이루어져 소란하고 어수선한 경우가 많다. 또 참석자의 입장에서 보면 특별한 프로그램도 없으므로 돌쟁이를 위한 덕담이나 축하보다는 형식적인 인사 후에 빨리 식사하고 돌아가려고 한다. 산만한 분위기 속에서 돌쟁이 소개와 반지 끼워 주기, 케이크 자르기와 팡파르 방송, 그리고 뷔페 형식의 식사가 돌잔치의 전부가 되어버렸다.

모범적인 돌잔치 프로그램을 구성해 보면 다음과 같다.

(5) 프로그램의 모형

순서	구분	시간	내 용	특기 사항
1	준비의 시간	30분	① 식장 입구에서 초대자 환영(부모) ② 축하 카드 또는 사인 보드 작성(돌쟁이에게 주는 덕담 2~3줄 정도)	① 배경 음악 ② 돌쟁이의 기념 슬라이드 상영

순 서	구 분	시 간	내 용	특기 사항
2	시작의 시간	5분	① 개회 선언(사회자) ② 주인공 입장(부모가 돌쟁이를 안고) ③ 주인공 소개	① 팡파르 ② 무대 조명 ③ 슬라이드
3	축하의 시간	15분	① 덕담 ② 카드 낭독 ③ 케이크 자르기 ④ 돌잡히기	① 무선 마이크 ② 카드함 ③ 축하 케이크 ④ 쌀, 국수, 책, ……
4	나눔의 시간	80분	① 식사(뷔페) ② 레크리에이션 ③ 사진 촬영	① 뷔페 식단 일체 ② 음향, 노래방 기구 및 게임 도구 ③ 비디오와 사진 기사·장비
5	다짐의 시간	10분	① 축하의 노래와 폐회 ② 인사와 해산	① 노래 반주 ② 배경 음악
		140분		

돌잔치 레크리에이션 프로그램으로 적절한 내용을 추천하여 보면 다음과 같다.

순 서	구 분	시 간	내 용	특기 사항
1	주의 집중	25분	① 깊고도 넓고도(노래·율동) ② 둥둥·빰빠라 밤(게임) ③ 의견 일치에 의한 문장 만들기 (Jumble Quiz)(게임)	① 노래·율동 시범자, 노래 반주자 ② 게임 시범자 ③ 게임 용지, 필기구, 상품

순 서	구 분	시 간	내　　용	특기 사항
2	파트너 게임	25분	① 어흥 · 땅 · 에헴(동작 승부 놀이)(게임) ② 실에 달린 과자 먹기(게임) ③ 과자 먹고 휘파람 불기(게임)	① 게임 시범자, 상품 ② 게임 도구, 상품 ③ 게임 도구, 상품
3	분위기 조성	20분	① 기지개와 안마(노래 · 율동) ② 옆 사람과 손뼉 나눠 치며 노래 (노래 · 게임) ③ 목과 턱 사이로 풍선 전달하기 (게임)	① 노래 · 율동 시범자, 노래 반주자 ② 노래 · 게임 시범자, 노래 반주자 ③ 게임 도구, 상품
		70분		

Ⅱ 약혼식 파티

약혼식은 결혼을 한다는 전제와 약속의 절차로, 양가 가족·친지들에게 결혼의 의지를 알리고 서로 인사하는 자리를 마련하는 예식이다.

약혼식은 특별한 사정으로 당분간 결혼할 수 없을 때에 양가 부모님의 참석하에 남녀가 결혼을 약속하고 떨어져 있게 됨을 보장받는 장치 역할도 하였다.

약혼식은 전통적으로 양가의 부모와 가족이 중심이 되어 신부의 집에서 주로 이루어졌으나 오늘날에는 시대의 변화에 따라 많이 없어지고 있는 추세이다. 약혼식을 하는 경우는 양가의 부모와 가족, 친척, 그리고 친구들이 모여 호텔 연회장이나 일반 대형 음식점, 야외 공간 등 다양한 장소에서 다양한 방법으로 이루어지고 있다.

약혼식을 하는 경우에 날짜는 2~3개월 전에 정하는 것이 좋으며 장소가 신부의 집이 아닌 경우에는 30일 정도의 여유를 두고 호텔 연회장이나 대형 음식점 등에 예약을 하도록 한다.

또 세부 계획은 늦어도 2주(14일) 전에는 완성해야 하며, 약혼식 2~3일 전에는 최종 확인을 하는 것이 좋다.

약혼식을 위하여 일시, 장소, 초청 인원과 명단, 소요 예산은 물론 사회자의 선정, 예비 신랑·신부의 의상과 미용 계획 점검과 당일 연회장 분위기 조성에 있어 필수 요건인 칵테일(cocktail), 축하 케이크, 얼음 조각(ice carving), 꽃 장식, 음악, 와인이나 샴페인의 활용 계획도 세부 계획으로서 최종 확인 과정을 거쳐야 한다.

일반적인 약혼식 프로그램을 정리해 보면 다음과 같다.

순서	구분	시간	내　용	특기 사항
1	준비의 시간	15분	① 식장 입구에서 초대자 환영(예비 신랑·신부) ② 방명록 또는 사인 보드 작성	① 좌석 안내 ② 배경 음악(현악3중주)
2	시작의 시간	20분	① 개회 선언(사회자) ② 예비 신랑·신부 입장(현악3중주) ③ 약혼 기념초 점화(예비 신랑·신부) ④ 예비 신랑·신부 약력 소개(사회자) ⑤ 사주 전달 ⑥ 예물 교환 ⑦ 예비 신랑·신부 내빈께 인사 ⑧ 양가 가족 및 친지 소개	① 팡파르 ② 무대 조명, 행진곡 ③ 촛불 세트, 점화용 라이터 ④ 프로필 ⑤ 사주 ⑥ 예물 ⑦ 특수 효과 ⑧ 소개 메모
3	나눔의 시간	90분	① 축하 케이크 자르기(촛불 끄기 / 케이크 자르기) ② 축배 ③ 축가(혹은 축하 연주) ④ 축전 낭독 ⑤ 양가 대표 인사 ⑥ 식사 ⑦ 레크리에이션	① 특수 효과 ② 샴페인 ③ 악기, 음향 ④ 축전 우편물 ⑤ 인사말 메모 ⑥ 배경 음악 ⑦ 음향, 밴드, 게임 도구, 상품, 게임 진행자
4	다짐의 시간	15분	① 축하의 노래(음악)와 폐회 ② 기념 사진 촬영 ③ 인사와 해산	① 노래 반주 ② 사진 기사·장비 ③ 배경 음악
		140분		

약혼식에 있어서 레크리에이션 프로그램은 양가의 부모님과 나아가 어린이에게 이르기까지 가족적인 프로그램과 주로 예비 신랑·신부의 친구들만이 참석하는 프로그램으로 나누어 볼 수 있는데 가족적인 레크리에이션 프로그램의 경우에 추천할 수 있는 내용은 다음과 같다.

순서	구분	시간	내 용	특기 사항
1	분위기 조성	10분	① 기지개와 안마(노래·율동) ② 옆 사람과 손뼉 나눠 치며 노래(노래·게임)	① 마이크, 노래 반주 ② 노래 시범자
2	주의 집중 게임	10분	① 주먹으로 두드리고(노래·게임) ② 큰 등·작은 등, 긴 장대·작은 장대(게임)	① 노래 반주 ② 게임 시범자
3	가족 대항 게임	20분	① 어흥·땅·에헴(동작 승부 놀이)(게임) ② 실에 달린 과자 먹기(게임) ③ 도깨비 손으로 하는 권투(게임)	① 성적 기록, 상품 ② 게임 도구, 상품 ③ 게임 도구, 상품
		40분		

＊분위기에 따라 예비 신랑측과 예비 신부측의 가족 대표 노래 또는 한마음의 합창을 진행할 수도 있다.

약혼식 레크리에이션의 참석자가 주로 예비 신랑과 예비 신부의 친구들로 구성될 때 추천할 수 있는 프로그램은 다음과 같다.

순서	구분	시간	내 용	특기 사항
1	분위기 조성	5분	① 옆 사람과 손뼉 나눠 치며 노래(노래·게임)	① 마이크, 노래 반주

순 서	구 분	시 간	내　용	특기 사항
2	만남과 인사	15분	① 열 사람 만나 인사(노래 · 율동 · 게임) ② 안녕하세요(레크리에이션 댄스)	① 노래 반주 ② 시범자, 노래 반주
3	파트너 게임	10분	① 손수건으로 손목 묶기(게임) ② 등진 사람과 얼굴 마주 하기(게임)	① 손수건 ② 시범자
4	촛불 의식 (다짐의 시간)	20분	① 촛불 점화 ② 예비 신부 친구들이 예비 신랑에게 주는 말 ③ 예비 신랑 친구들이 예비 신부에게 주는 말 ④ 다 함께 노래 : 사랑으로 ⑤ 윤회 인사 ⑥ 폐회와 해산	① 초 · 초 받침 (각자 1개), 점화용 라이터 ② 배경 음악 ③ 조명 조절 ④ 특수 효과
		50분		

Ⅲ 결혼식 파티

성숙한 청춘 남녀가 양가의 가족, 친척, 친구들을 모신 자리에서 마음과 뜻을 합해 새 가정을 이루기로 서약하고 새 출발을 다짐하는 혼인 예식이 결혼식이다.

결혼식은 일반적으로 식장, 의상실, 미용실, 식당, 주차장 등의 시설이 잘 갖추어진 결혼식장에서 하지만 양가의 전통이나 종교 또는 취향에 따라 전통 한옥 앞마당에서 하는 전통 혼례식, 교회나 성당, 사찰 등지에서 하는 종교적 혼례식, 기타 학교나 예술 회관, 야외 정원 등 특별한 장소에서 자유로운 진행 방법으로 치루어지는 이색적인 결혼식 등으로 그 형식을 나눌 수 있다.

결혼식을 진행하려면 먼저 양가 부모님께 결혼 허락을 받은 후 결혼식 날짜와 시간, 장소를 정하고 초청 손님 명단과 인원수를 확정지어야 한다.

결혼식 예산 계획을 수립하고 나면 청첩장을 만들고 주례자를 섭외하고 역할 담당자(결혼식 사회자, 피로연 담당 및 사회자, 축가 또는 반주자, 축의금 접수 담당자, 비디오 및 사진 기록, 미용, 의상, 신혼 여행, ……)의 협조를 청한다.

결혼식의 준비는 행사를 계획한 범위 안에서 시간과 예산의 여유를 가지고 가족, 친지, 전문가 등 여러 사람의 협조를 받아 완벽하게 이루어져야 한다. 그 이유는 결혼식이란 인간에게 평생 한 번밖에 없는 행사로, 잘못되었다고 해서 고쳐서 다시할 수 있는 성격의 행사가 아니기 때문이다.

일반적으로 이루어지는 결혼식 순서와 피로연(식사와 레크리에이션)에 대하여 소개해 보면 다음과 같다.

순서	구분	시간	내 용	특기 사항
1	준비의 시간	10분	① 혼인 서약문, 성혼 선언문, 특수 효과 ② 사회자, 반주자, 축가자 제 위치로 ③ 양가 부모 좌석 정리(착석) ④ 주례자 대기 ⑤ 신랑·신부 대기 ⑥ 안내 방송(식장 좌석에 착석 유도) ⑦ 화촉 점화(양가 모친)	① 배치, 설치 ② CD 배경 음악 ③ CD 배경 음악 ④ CD 배경 음악 ⑤ CD 배경 음악 ⑥ 현악3중주 ⑦ 현악3중주
2	시작의 시간	30분	① 개식 선언(사회자) ② 주례자 입장 ③ 신랑 입장 〉신랑·신부 같이 입장 ④ 신부 입장 ⑤ 신랑·신부 맞절(주례자가 유도) ⑥ 혼인 서약(주례자가 유도) ⑦ 성혼 선언문 낭독(주례자 낭독) ⑧ 주례사(주례자) ⑨ 축하 연주(축가 또는 축주) ⑩ 축전 소개(사회자) ⑪ 신랑·신부 인사 　㉠ 양가 부모님께(신부측, 신랑측 순서로) 　㉡ 내빈께 ⑫ 신랑·신부 행진(기립 박수) ⑬ 폐식사(사회자) ⑭ 안내 방송	① 팡파르 ② 무대 조명 ③ 무대 조명 ④ 결혼 행진곡 ⑤ 무대 조명 ⑥ 혼인 서약문 ⑦ 성혼 선언문 ⑧ 주례자 음향 ⑨ 출연진 소개 ⑩ 축전 명단 ⑪ 도우미 ⑫ 결혼 행진곡 ⑬ CD 배경 음악 ⑭ 사진 촬영, 식당 안내
3	나눔의 시간	30분 또는 60분	① 사진 촬영(신랑·신부, 가족, 친구, ……) ② 폐백(신랑·신부와 가족들만) ③ 축하 케이크 자르기	① 사진 기사·장비 ② 폐백실 ③ 케이크, 초, 칼

순서	구분	시간	내 용	특기 사항
			④ 축배(샴페인과 와인, 기타 음료) ⑤ 식사(한식·양식 뷔페 ······) ⑥ 레크리에이션 *시간적 여유가 없는 결혼식장(식당)에서는 어려우나 장소 여건에 따라서는 30분~1시간 정도 할 수 있다.	④ 샴페인, 와인, 잔 ⑤ 식단 일체, 도우미 ⑥ 게임 도구, 상품, 음향 기구, 진행자
4	다짐의 시간	10분	① 축하의 노래(음악)와 폐회 ② 인사와 해산	① 노래 반주 ② 배경 음악
		80분 또는 110분		

　결혼식장에서 이루어지는 결혼식은 '의식'(시작의 시간)에 속하는 시간과 '식사' 시간만을 계산하여 1시간(60분) 이내로 보는 경우가 있으나 결혼식도 인간의 삶에 있어 중요한 행사(event)라는 관점에서 본다면 시간과 장소, 여건 등에 구애 받지 말고 2시간 내외(100~120분)의 프로그램으로 그 과정(도입-전개-종결)을 구성하여 계획하고 운영할 필요가 있다.

　결혼식에 이어서 레크리에이션 프로그램을 진행하는 경우에 추천할 수 있는 내용을 간추려 보면 다음과 같다.

순서	구분	시간	내 용	특기 사항
1	분위기 조성	10분	① 기지개와 안마(노래·율동) ② 옆 사람과 손뼉 나눠 치며 노래(노래·게임)	① 마이크, 노래 반주 ② 노래 시범자

순 서	구 분	시 간	내　　용	특기 사항
2	만남과 인사	10분	① 인사하고 손뼉 쳐(노래 · 율동 · 게임) ② 이름 빙고(Name Bingo)(게임)	① 시범자 ② 게임 용지, 펜, 명단, 상품
3	파트너 게임	10분	① 실뜨기를 해보자(게임) ② 사자 · 사슴(게임) ③ 징검다리 밟기(게임)	① 게임 도구(실) ② 시범자 ③ 게임 도구(판지)
4	주의 집중 게임	10분	① 의견 일치에 의한 문장 만들기 (Jumble Quiz)(게임) ② 간단한 팝 퀴즈(pop quiz) 대항 (게임)	① 게임 문제지와 상품 ② 게임 문제지와 상품
		40분		

* 추천한 레크리에이션 프로그램의 표에서 '구분'의 순서 선택과 '내용'의 선택은 참가자의 수준, 장소의 여건, 시간의 여유 등에 따라서 바꾸어 진행해도 좋다.

Ⅳ 회갑·칠순·팔순 잔치

집안 어른의 연세가 61세가 되는 생일 잔치를 회갑 잔치, 환갑 잔치 또는 수연(壽宴)이라고 한다. 아울러 71세가 되면 칠순 잔치를, 81세가 되면 팔순 잔치를 마련하는 것이 관례이다.

가족이나 가문의 많지 않은 인원이 모일 때에는 주로 집 안에서 잔치를 준비하는 것이 일반화된 관례이다. 그러나 모임의 참석자들이 가족과 가문을 넘어서 이웃도 초청하고 주인공과 관계되는 친지도 초청하는 잔치가 될 때에는 가까운 동네의 뷔페 식당이나 호텔 연회장 또는 대형 음식점을 이용하기도 한다.

회갑·칠순·팔순 잔치와 같은 가족 행사는 주로 자녀들을 중심으로 운영 위원회를 구성하고 1)일시와 장소, 2)대상(초대 범위와 인원), 3)프로그램, 4)예산 계획, 5)안내장(초대장) 발송, 6)출연자와 역할 담당자 등의 사항을 협의, 결정하고 그 내용을 추진한다.

잔치의 추진은 늦어도 한 달 전에는 착수하여야 하고 우선 고려되어야 할 사항은 회갑 또는 칠순이나 팔순을 맞은 어른의 뜻에 따라 행사의 일시와 장소, 초대 범위, 그리고 프로그램이 구성되어야 한다.

여기서 주의해야 할 점은 날짜를 정할 때 사정에 따라서는 생일날보다 앞당길 수는 있어도 늦출 수는 없다.

일반적으로 잔치의 청첩장은 자녀들이 작성하여 보내는 것이 원칙이나 때에 따라서는 별도의 청첩인을 선발하기도 한다.

잔치에 빠져서는 안 되는 의식 순서에는 다음과 같은 사항을 들수 있다.

1) **개식 선언** : 의식의 시작을 알리는 것으로 사회자가 한다.

2) **주인공 입장과 약력 소개** : 직계 가족들이 주인공을 모시고 입장하

며 주인공의 이력(출생, 학력, 가족 사항, 주요 경력 등)을 간단하게 소개한다.

3) **가족 대표의 인사와 가족 소개** : 가족을 대표하는 사람이 나와서 참석자들에게 인사말을 하고, 이어서 직계 장남 내외로부터 방계의 순서로 가족을 소개한다.

4) **축사** : 잔치에 초대 받은 사람 중의 대표가 한다.

5) **헌수(獻壽, 헌주 또는 헌화)** : 자녀들이 큰상을 차려 드리고 술잔을 올리며 축하하는 순서이다(술을 사용하지 않는 경우에는 헌화로 대신한다). 만약 회갑이나 칠순 또는 팔순을 맞은 어른의 부모가 생존해 계실 때에는 먼저 주인공(회갑, 칠순, 팔순을 맞은 사람)이 부모님께 잔을 올린 후 헌수를 받도록 한다.

6) **케이크 자르기와 축배** : 주인공 내외와 가족 대표에 의해서 케이크 자르기가 이루어지며 축배는 주인공의 친구 또는 가족 어른의 축배 제의에 의해 참석자 전원이 참여한다.

7) **축가** : 축하의 노래로 대개는 주인공이 좋아하는 노래를 선택한다.

8) **예사** : 감사의 뜻으로 주인공에게 드리는 예물인데 이것은 가족들이 준비하는 것이 좋다.

9) **식사** : 연회장인 경우에 일반적으로 뷔페 식사로 이루어지는데, 때에 따라서는 한정식이나 양식 전(全)과정을 선택하기도 한다.

10) **레크리에이션** : 레크리에이션 진행자나 전문 사회자를 밴드와 함께 초청하여 1시간쯤 운영한다.

11) **기념 사진 촬영** : 주인공 내외, 가문의 어른, 친지, 가족의 순서를 따라 촬영하며 잔치 기록을 위하여 준비의 시간에서부터 비디오를 포함한 사진 촬영을 계획하는 것이 좋다.

회갑·칠순·팔순 잔치의 순서를 진행 과정에 따라 정리하여 보면 다음과 같다.

순서	구분	시간	내 용	특기 사항
1	준비의 시간	20분	① 하객 영접 : 입구에서 주인공이 하객을 맞이한다 ② 안내 방송과 분위기 연출	① 접수 시설(방명록 등) ② 배경 음악
2	시작의 시간	33분	① 개식 선언(사회자) ② 주인공 입장 : 직계 가족들이 모시고 입장(참석자 전원 기립 박수) ③ 약력 소개 : 주인공의 이력(출생, 학력, 가족 사항, 주요 경력 등)을 간단히 소개한다 ④ 가족 대표의 인사 : 직계 가족 중에서 대표가 나와서 인사한다 ⑤ 가족 소개 : 가족 대표가 인사말에 이어 순서대로 가족을 소개한다 ⑥ 축사 : 잔치에 초대 받은 사람 중의 대표가 한다. 사회자는 축사자의 소속, 이름, 직함 등을 간단히 소개한다 ⑦ 헌수(헌주 또는 헌화) : 직계 가족부터 시작하여 방계 가족의 순서로 이루어진다 ＊헌화인 경우는 붉은 장미로, 헌주인 경우는 정종이나 백포도주 ⑧ 케이크 자르기 : 축하 케이크 위에 켜져 있는 촛불을 주인공 내외와 가족 대표가 끄고 케이크를 자른다 ⑨ 축배 : 가족 어른이나 참석자 대표의 축배 제의에 따라 참석자 전원이 참여한다	① 팡파르 ② 음악 연출, 특수 효과 ③ OHP 또는 슬라이드 등 ④ 무대 조명 ⑤ 가족 약력, 조명 효과 ⑥ 축사자 약력 ⑦ 큰상 차림, 헌화 · 헌주 세트, 도우미, 배경 음악 ⑧ 축하 케이크, 팡파르와 특수 효과 ⑨ 참석자 전원의 축배 세트, 팡파르

순서	구분	시간	내 용	특기 사항
			⑩ 축가 : 주인공이 좋아하는 노래를 초청 출연자 또는 가족이 부르도록 한다 ⑪ 예사 : 가족이 준비한 예물을 주인공에게 드린다	⑩ 축가 반주(피아노, ……) ⑪ 예물, 배경 음악
3	나눔의 시간	110분	① 식사(뷔페 또는 한정식이나 양정식 중에서) ② 레크리에이션 ③ 기념 사진 촬영 : 주인공 내외, 가문의 어른, 친지, 가족의 순서로 실시한다	① 식사 도우미, 배경 음악 ② 밴드, 게임 도구, 상품, 진행자 ③ 사진사(장비)
4	다짐의 시간	10분	① 축하의 노래(음악) ② 폐회 선언(사회자 혹은 가족 대표) ③ 인사와 해산 : 직계 가족 전원이 출구에 2열로 도열하여 참석자들에게 인사를 한다	① 노래 반주 ② 팡파르 또는 특수 효과 ③ 배경 음악
		173분		

회갑·칠순·팔순 잔치의 레크리에이션 프로그램으로 적절한 내용을 추천하여 보면 다음과 같다.

순서	구분	시간	내 용	특기 사항
1	분위기 조성	50분	① 가족이 마련한 순서 ㉠ 가족 합창 : 즐거운 나의 집 (Home, Sweet Home) ㉡ 잔치에 붙이는 가족 마음[글] *아들, 딸, 손자, 손녀 순서에 따라 5~10초 정도의 짧은 축하의 기원을 드린다	① 순서의 연출과 진행 ㉠ 피아노 반주 ㉡ 축하 기원문 (가족 단위별), 배경 음악

순 서	구 분	시 간	내　　용	특기 사항
			② 옆 사람과 손뼉 나눠 치며 노래(노래·게임) ＊참여자 전원 3~4팀으로 나누어 팀 대항 노래 부르기 게임으로 발전시켜도 좋다 ③ 인물 콘테스트(팀 대항 게임) ④ 몸짓 대항 운동 경기(팀 대항 게임) ＊가족 단위 또는 팀 단위의 수준이나 분위기에 맞게 응용한다 ⑤ 기차 만들기(노래·게임)	② 시범자 ＊노래 반주자 ③ 게임 상품 ④ 게임 도우미, 효과 음향 또는 음악, 게임 상품 ⑤ 노래와 율동, 시범자와 반주자, 상품
2	촛불 의식 (다짐의 시간)	10분	① 촛불 점화 ＊참여자 전원이 초를 하나씩 들고 조용한 분위기에서 점화해 나간다 ② 우리 모두 한마음으로 　㉠ 촛불 환호 : 다 같이 　㉡ 주인공의 말씀을 듣고 　㉢ 합창 : 사랑으로 ③ 폐회와 해산	① 초, 초 받침, 점화용 라이터, 조명 조절, 배경 음악 ② 배경 음악 　㉠ 특수 효과 　㉡ 배경 음악
		60분		

남녀가 신랑과 신부로 만나 결혼을 한 후 25주년이 되는 해를 기념하여 마련하는 행사를 은혼식(銀婚式)이라고 한다.

또 결혼한 해로부터 50주년이 되는 해를 기념하여 마련하는 행사를 금혼식(金婚式)이라고 한다.

일반적으로 은혼식이나 금혼식을 하는 부부에게 있어서 우선 고려해야 할 점은 우선 그 자녀들 중에 사망한 사람이나 중병을 앓는 환자 또는 이혼한 사람이 없어야 한다.

아울러 부부가 함께 인생을 성공적으로 살아왔으며, 자녀들이 결혼도 잘 하여 오손도손 잘 살아가며 사회적으로 성공했고 행복한 부모, 행복한 부부로 인정 받는 부부가 은혼식이나 금혼식을 할 수 있겠다.

잔치 날짜는 결혼 기념일에 하면 제일 좋지만 부부 두 사람의 사정이나 잔치에 초대 받는 사람들의 사정에 따라 편리한 날짜로 조정할 수도 있다.

대체로 낮 시간에 주인공 부부와 관계가 있는 가족, 친지, 이웃들이 호텔이나 대형 음식점 또는 문화·예술 회관 연회장에 모여 축하 의식과 식사, 그리고 레크리에이션의 순서로 프로그램이 이루어지게 된다.

은혼식·금혼식 잔치의 프로그램을 일반적인 순서에 따라 구성하고 정리해 보면 그 내용은 다음과 같다.

순 서	구 분	시 간	내　　용	특기 사항
1	준비의 시간	20분	① 내빈 영접 : 연회장 입구에서 주인공의 자녀들이 찾아오신 내빈께 인사를 드리고 정해진 좌석으로 안내하여 모시도록 한다 ② 배경 음악 : 밝고 화려하며 품위 있는 분위기의 음악을 방송한다 ③ 연회를 알리는 안내 방송	① 코르사주(co-rsage) : 가슴 부분에 착용 ② 방명록, 배경 음악 연출 ③ 방송 도우미
2	시작의 시간	25분	① 개식 선언(사회자) ② 주인공 입장 : 참석자 전원 자리에서 일어나 뜨거운 박수로 환영한다 ③ 약력 소개 : 출생, 학력, 가족 사항, 경력 등을 소개한다 ④ 가족 소개 : 가족은 항렬에 따라 대기했다가 내빈께 인사를 드린다 ⑤ 축사 : 사전에 내빈 중에서 축사자를 부탁 드린다 ⑥ 헌화 : 직계 자손의 순서대로 붉은 장미를 사용하여 헌화한다 ⑦ 예사(예물을 드리는 순서) : 주로 나이 어린 손자와 손녀들이 건강 관련 제품을 예물로 준비하여 드리도록 한다 ⑧ 축하 케이크 자르기 : 축하 케이크 위의 촛불을 켜고 주인공 내외가 나와서 촛불을 끄고 케이크를 자른다 ⑨ 축배 : 전원 자리에서 잔을 준비한 후 축배 제의에 의해 만수 무강을 기원하며 축배를 든다 ⑩ 축가 : 가족이나 친지 중에서 순서를 담당한다	① 마이크, 음향, 팡파르 ② 음악 연출, 조명 및 특수 효과 ③ 약력 현황(OHP 또는 슬라이드 등 활용) ④ 가족 사항 소개 카드 ⑤ 마이크 ⑥ 장미꽃 준비, 도우미 배치 ⑦ 예물, 음악 연출 ⑧ 축하 케이크, 팡파르, 특수 효과 ⑨ 샴페인, 도우미, 특수 효과 ⑩ 피아노, 음향, 조명

순서	구분	시간	내 용	특기 사항
3	나눔의 시간	105분	① 식사 : 정성이 담긴 정갈한 음식으로 도우미에 의해 음식 서빙을 하는 것이 좋다 ② 레크리에이션 : 행복한 가정, 성공한 가정, 가족적인 레크리에이션 프로그램이 좋다	① 식사 도우미, 배경 음악 ② 레크리에이션 진행자, 게임 도구, 음향(효과), 상품
4	다짐의 시간	20분	① 축하의 노래(음악) : 전원 ② 폐회 선언 : 사회자 또는 가족 대표 ③ 인사와 해산 : 전원 ④ 기념 사진 촬영 : 직계 가족과 친지	① 노래 반주 ② 팡파르, 특수 효과 ③ 배경 음악 ④ 사진 기사 · 장비
		170분		

은혼식이나 금혼식 잔치의 레크리에이션 프로그램으로 적절한 내용을 추천하여 보면 다음과 같다.

순서	구분	시간	내 용	특기 사항
1	분위기 조성	50분	① 옆 사람과 손뼉 나눠 치며 노래(노래 · 게임) ＊참가자 전원 3~4팀으로 나누어 노래한 후 다음 순서로 옮겨간다 ② 팀을 나누어 노래 대항 ＊동요, 가요, 명곡(예술 가곡), 민요, …… ③ 목과 턱 사이로 풍선 전달하기(게임) ＊3~4개 팀 대항 ④ 사람말로 움직여 승부 짓는 윷놀이(게임) ＊말판을 연회장 바닥에 크게 그려(테이프 이용) 사람이 그 팀의 말이 된다	① 시범자, 노래 반주자, 마이크, 음향 ② 노래 반주자, 승부 기록 게시판 ③ 풍선, 승부 기록 게시판, 상품 ④ 두꺼운 색깔 테이프, 윷, 담요, 승부 기록 게시판, 상품

순 서	구 분	시 간	내 용	특기 사항
			⑤ 기차 만들기(노래 · 게임)	⑤ 노래 · 율동 시범자와 반주자, 상품
2	촛불 의식 (다짐의 시간)	20분	① 축하의 노래(음악) : 전원 *다 같이 모두 일렬 원형으로 둘러서서 노래하는 사이에 초 받침이 붙은 초를 한 자루씩 전원에게 나눠 준다 ② 촛불 전달과 진행자의 멘트 : 주인공 부부의 결혼 기념일의 의미를 되새기는 내용 ③ 은혼식(금혼식)의 메시지 ㉠ 부인이 남편에게 드리는 글 ㉡ 남편이 부인에게 드리는 글 ④ 촛불 환호 *들고 있는 촛불을 모두 머리 위로 올려 흔들며 "건강하세요!", "행복하세요!" 등을 열호한다 ⑤ 촛불 윤회 인사 *촛불을 들고 행진, 주인공 부부의 앞을 지나며 인사한 후 마크판에 촛불을 꼽고 퇴장한다	① 노래 반주자, 초, 초 받침, 도우미 ② 점화용 라이터, 배경 음악, 진행자 멘트 ③ 메시지 내용 ㉠과 ㉡ 배경 음악, 특수 효과 ④ 특수 효과, 조명 연출 ⑤ 촛불을 꽂을 마크판, 배경 음악, 조명 연출
		70분		

같은 학교를 졸업한 사람, 일반적으로는 같은 해에 졸업한 사람들의 모임을 '동창회'라 한다. 같은 학교라 하더라도 입학이나 졸업년도가 다른 사람들의 모임은 '동문회' 또는 '총동창회'라 한다.

동창회를 소집할 경우에는 먼저 동창회 임원들을 중심으로 사전 모임을 통하여 1)모임의 일시(날짜)와 장소, 2)소집 계획, 3)모임의 프로그램, 4)소요 예산 등의 사항을 협의하여 결정하고 그 내용을 추진한다.

협의에 의하여 결정하고 운영할 내용에 대하여 요약해 보면 다음과 같다.

1)**일시(날짜)** : 동창들이 가장 많이 모일 수 있는 뜻 깊은 날로 정하는 것이 좋다.

2)**장소** : 동창들이 가장 편리하게 모일 수 있는 부담이 없는 장소(빠른 시간 안에 이동이 가능하고 자동차로 이동할 때에는 부담 없이 주차도 가능한 곳)로 호텔 연회장, 전문 음식점, 공공 회관의 강당 등을 생각해 볼 수 있다.

3)**소집 계획** : 동창들의 주소록을 이용하여 서신으로 안내장을 보내고 참석 여부를 확인하도록 한다.

4)**프로그램** : 공식적인 회의에 상정할 토의 안건이나 공지 사항 등을 정하고 식사(한식, 양식, 뷔페, ……)에 대한 시간과 수준의 선택, 그리고 함께 즐기는 레크리에이션 내용과 그 진행자도 선정하여 섭외하도록 한다.

5)**소요 예산** : 동창들이 모이면서 내는 회비와 동창회 예산 중에서 보조금, 기타 찬조금과 후원금 등으로 예산을 책정한다.

동창회 파티의 프로그램을 일반적인 순서에 따라 구성하고 정리해 보면 그 내용은 다음과 같다.

순서	구분	시간	내 용	특기 사항
1	준비의 시간	20분	① 동창 영접 : 동창회 임원들이 파티장 입구에서 동창들을 맞이한다 ② 등록 : 출석 확인, 회비 납부, 명찰 착용, 좌석 배정 등 ③ 배경 음악 : 밝고 화려하며 계절적 감각에도 알맞는 음악을 방송한다 ④ 시작을 알리는 안내 방송 : 모두 파티장으로 입장하여 정해진 좌석에 앉도록 한다	① 동창회 간부 파티장 입구에 모임 ② 등록 업무를 위한 책상, 장부, 명찰, 방명록 등 ③ 배경 음악 연출 ④ 방송 도우미
2	시작의 시간	25분	① 개회 선언(사회자) : 개회 선언이 끝날 때 팡파르 ② 국민 의례 : 가장 짧은 의식에서는 모두 일어난 상태에서 애국가 1절만 부른다 ③ 개회사(동창회장) ④ 경과 보고 : 전(前) 회의록 낭독, 재정 보고, 활동 보고 등(담당 임원들이 나와서 보고한다) ⑤ 토의 안건 : 담당 임원들이 나와서 안건에 대한 의견을 수렴한다 ⑥ 공지 사항, 기타	① 팡파르, 사회석 마이크 ② 국민 의례에 필요한 애국가 등 방송 준비 ③ 단상 마이크 ④ 회의 보고서, 유인물 등 ⑤ 회의 보고서, 유인물 등 ⑥ 담당 임원
3	나눔의 시간	105분	① 식사와 대화로 하나 되기 ② 행동으로 하나 되기(레크리에이션)	① 뷔페, 배경 음악, 도우미 ② 진행자, 방송 장비, 밴드, 상품

순 서	구 분	시 간	내　용	특기 사항
4	다짐의 시간	20분	① 교가 제창 : 참석자 전원 ② 촛불 의식 : 동창들의 참여 의식과 소속감을 고취시키고 다음 모임에서도 꼭 만날 것을 약속하며 진행한다 ③ 기념 사진 촬영 : 참석자 전원 ④ 폐회 선언 : 진행자 또는 동창회장 ⑤ 인사와 해산 : 전원	① 노래 반주 ② 초, 초 받침, 점화용 라이터, 배경 음악, 조명 연출 ③ 사진 기사 · 장비 ④ 마이크
		170분		

동창회 파티의 레크리에이션 프로그램으로 적절한 내용을 추천하여 보면 다음과 같다.

순 서	구 분	시 간	내　용	특기 사항
1	주의 집중	15분	① 간단한 팝 퀴즈(Pop Quiz) 대항 (게임) ② '가자 · 오랑 · 스무' 참가자 전원 승부 짓기(게임)	① 팝 퀴즈 문제지, 상품 ② 마이크, 상품
2	관계 개선 (파트너)	20분	① 실에 달린 과자 먹기(게임) ② 과자 먹고 휘파람 불기(게임)	① 게임 도구, 상품 ② 게임 도구, 상품
3	분위기 조성	25분	① 몸짓 대항 운동 경기(게임) ② 목과 턱 사이로 풍선 전달(게임) ③ 판 위에서 공 튀어 오르게 하기 (Bound-Ball)(게임)	① 팀 나누기, 성적 기록판 ② 풍선 ③ 게임 도구판, 공 ①, ②, ③ 모두 상품

순 서	구 분	시 간	내 용	특기 사항
4	촛불 의식 (다짐의 시간)	20분	① 함께 노래 부르기 : 전원 ＊다 같이 일렬 원형으로 둘러서서 노래하는 사이에 초 받침이 붙은 초를 한 자루씩 모두에게 나누어 준다 ② 촛불 전달과 진행자의 멘트 ＊동창의 의미를 일깨우며 학교의 자부심도 되새긴다 ③ 축시 낭송 : 동창 중에서 ④ 촛불 환호 : 전원 ＊들고 있는 촛불을 모두 머리 위로 올려 흔들며 학교의 이름을 외친다 ⑤ 촛불 윤회 인사 : 전원 ＊촛불을 들고 행진하며 서로간에 인사를 나눈 후 촛불을 끄며 퇴장한다	① 노래 반주자, 초, 초 받침, 도우미 ② 점화용 라이터, 배경 음악, 진행자 멘트 ③ 축시, 낭송자, 배경 음악 ④ 특수 효과, 조명 연출 ⑤ 배경 음악, 조명 연출, 초 받을 상자
		80분		

Ⅵ 동창회〈同窓會〉파티

　다사 다난했던 한 해를 보내면서 서로간에 화합과 단합으로 한 해를 잘 마무리 짓고, 새해에는 희망과 용기를 가지고 다시금 힘찬 전진을 해나가기로 다짐하는 의미의 행사가 송년 파티이다.

　각 학교의 동창회는 11월 말부터 12월 중순에 이르기까지, 각 사회 단체도 12월 들어서면서부터 시작하여 12월 중순에 이르기까지, 공공 기관과 기업체에서는 12월 20일이 지나서부터 연말까지 종무식을 겸한 행사로 계획되어지고 운영되어지기도 한다.

　송년 파티의 행사 장소도 호텔 연회장이나 대형 음식점에서부터 공공 회관의 강당, 자체 건물의 강당 등 무척 다양하다.

　시간은 저녁 6시 이후 10시 사이가 일반적이나 점심 시간대, 즉 12시에서 오후 3시 사이에 이루어지기도 한다.

　송년 파티에 있어서 프로그램은 송년 의식, 만찬, 레크리에이션의 흐름으로 구성하게 되는데 그 내용을 다시 정리하여 보면 다음과 같다.

순서	구분	시간	내　용	특기 사항
1	준비의 시간	20분	① 파티장에 입장 : 준비실에 외투와 짐은 맡긴다 ② 접수·등록 : 명찰 착용, 좌석 확인, 회비 ＊접수·등록의 과정이 필요 없을 때에는 생략할 수 있다 ③ 지정 좌석으로 이동 : 안내 방송에 따라 지정 좌석에 앉도록 한다	① 배경 음악, 안내 위원, 준비실 운영 ② 명찰, 참가자 명부, 좌석 확인 ③ 좌석 표시, 도우미

순서	구분	시간	내용	특기 사항
2	시작의 시간	5분	① 개회 선언 : 사회자 ② 송년사 : 모임(파티)의 대표 ③ '올해의 인물' 시상 ＊표창, 감사패 포함	① 마이크, 팡파르 ② 송년사 원고 ③ 상패와 부상, 특수 효과
3	나눔의 시간	110분	① 송년 케이크 자르기(촛불 끄기, 케이크 자르기) ② 축배 ③ 식사(서빙되는 양식이나 한식 또는 중국식) ④ 레크리에이션 : 화해와 단합, 그리고 새로운 도약을 위한 가족적 협동 프로그램을 중심으로 구성한다	① 케이크, 특수 효과, 조명 ② 샴페인, 도우미 ③ 식사 일체, 도우미, 배경 음악 ④ 진행자, 방송 장비, 밴드, 게임 도구, 상품
4	다짐의 시간 (송년 의식)	20분	① 송년가 제창 : 참석자 전원 ② 촛불 의식 : 가는 해는 유종의 미로 마무리하고 오는 해는 용기와 희망으로 맞이하도록 하는 분위기를 연출한다 ③ 기념 사진 촬영 : 참석자 전원 ④ 폐회 선언	① 노래 반주 ② 초, 초 받침, 점화용 라이터, 배경 음악, 조명 연출 ③ 사진 기사 · 장비 ④ 송년 연주 음악
		155분		

송년 파티 레크리에이션 프로그램으로 적절한 내용을 추천하여 보면 다음과 같다.

순 서	구 분	시 간	내　용	특기 사항
1	주의 집중	20분	① 의견 일치에 의한 문장 만들기 (Jumble Quiz) : 식탁별로 게임 ② 지폐 빙고	① 게임 문제지, 필기구, 상품 ② 게시판, 상품
2	분위기 조성	40분	① 무릎 치고 탑을 쌓고(노래 · 율동) ② 인물 콘테스트(게임) ③ 목과 턱 사이로 풍선 전달하기(게임) ④ 댄싱 킹 · 댄싱 퀸 선발 대회(게임) ⑤ 기차 만들기(노래 · 게임) ⑥ 행운 추첨과 시상	① 노래 · 율동 시범자 ② 상품 ③ 풍선, 상품 ④ 댄스 음악, 조명, 특수 효과 ⑤ 게임 음악, 상품 ⑥ 행운 번호, 행운함, 상품
3	다짐의 시간 (송년 의식)	20분	① '송년가' 제창 : 참석자 전원 ＊다 같이 노래하는 동안 초 받침이 붙은 초를 한 자루씩 참석자 모두에게 나누어 준다 ② 촛불 전달과 진행자의 멘트 ＊송구 영신(送舊迎新)의 의미를 일깨우며 한마음이 되도록 한다 ③ 송년의 시 낭송 ④ 촛불 환호 : 전원 ＊들고 있는 촛불을 모두 머리 위로 올려 흔들며 '송구 영신' 또는 소속 단체의 이름을 열호한다 ⑤ 촛불 들고 윤회 인사 : 전원 ＊촛불을 들고 행진하며 서로간에 송년 인사를 나눈다 ⑥ 기념 사진 촬영과 폐회	① 노래 반주자, 초, 초 받침, 도우미 ② 점화용 라이터, 배경 음악, 진행자 멘트, 조명 연출 ③ 축시, 낭송자, 배경 음악 ④ 특수 효과, 조명 연출 ⑤ 배경 음악, 조명 연출 ⑥ 사진 기사 · 장비, 배경 음악
		80분		

어린이날은 말 그대로 어린이들을 위한 날이다.

집안에 어린이가 있는 가정에서는 모처럼 온 가족이 유치원이나 초등 학교에서 주최하는 행사에 함께 참여하거나, 공공 기관이나 지역 사회의 행사 또는 아빠·엄마의 직장에서 마련하는 행사에 참여하기도 한다.

또는 어린이 공원(놀이터)을 가족 단위로 찾거나 종교 단체에서 주관하는 모임을 찾기도 한다.

5월 5일 어린이날에는 오랜만에 온 가족이 한 자리에 모여서 한 가족으로서의 공감대를 이루면서 어린이들이 자기 생각을 표현하고 또래들과 어울려 마음껏 뛰놀게 하며, 꿈을 펼칠 수 있는 열린 날로 분위기를 조성해 줄 필요가 있다.

일반적인 프로그램 내용을 살펴보면 사생 대회, 놀이 마당, 이벤트 쇼, 운동회, 공장 견학, 각종 시상식 등 다양한 종목들을 찾아볼 수 있다.

여기에서는 주로 레크리에이션 프로그램을 중심으로 하여 실내에서 활용할 수 있는 축제적인 행사의 예를 들어 보기로 한다.

순서	구분	시간	내　용	특기 사항
1	준비의 시간	40분	① 길놀이 : 자연스럽게 행사장으로 들어가도록 농악, 고적대, 동물 인형 등을 활용한다 ② 안내 방송 : 밝고 경쾌한 음악 방송과 함께 행사 내용을 안내한다 ③ 볼 거리 공연 : 마술, 팬터마임, 합창, 무용 등의 공연 중 선택한다	① 길놀이 출연팀 ② 방송 장비, 배경 음악, 방송 도우미 ③ 볼 거리 출연팀, 무대 공연 협조

순 서	구 분	시 간	내　　용	특기 사항
2	시작의 시간 (어린이 날 기념식)	11분	① 개회 선언 : 사회자 ② 국민 의례 : 전원 ③ 어린이 헌장 낭독 ④ 개회사 : 대회장 ⑤ 어린이날 노래 제창 : 전원 ⑥ 어린이날 축하 환호 : 어린이들에게 공중에 뜨는 풍선을 하나씩 나누어 주고 소리 지르며 높이 날리도록 한다	① 팡파르 ② 국민 의례 방송 ③ 어린이 헌장 낭독자 ④ 개회사 원고 ⑤ 노래 반주, 노래 시범(합창단) ⑥ 풍선, 팡파르, 특수 효과(무연 분수탄)
3	나눔의 시간 (레크리 에이션)	50분	① 함께 노래 부르기 : 동요, 만화 영화 주제가, 건전 노래, 레크리에이션 노래 ② 퀴즈 왕(여왕) 선발 대회 : 과학, 상식, 난센스 등 ③ 도전, 내가 최고 : 훌라후프 돌리기, 제기 차기, 장기 자랑(가족 포함) 등 ④ 주의 집중 게임 : 추천하는 내용 참고 ⑤ 분위기 조성 게임 : 추천하는 내용 참고	① 악보, 노래 시범자, 노래 반주 ② 퀴즈 문제, 상품 ③ 게임 도구, 노래 반주, 상품 ④ 상품 ⑤ 게임 도구, 상품
4	다짐의 시간	21분	① 행운 추첨 ② 종합 시상 ③ 어린이날 기념품 증정 ④ 폐회 선언	① 행운 번호, 행운함, 상품 ② 종목별 상품 ③ 기념품, 도우미 ④ 배경 음악
		122분		

Ⅷ 어린이날 축제

어린이날 축제의 레크리에이션 프로그램으로 적절한 내용을 추천하여 보면 다음과 같다.

순 서	구 분	시 간	내 용	특기 사항
1	주의 집중	25분	① 깊고도 넓고도(노래·율동) ② 두 손으로 손가락 세어 나가기(노래·게임) ③ 쿵쿵 발을 구르자(노래·게임) ④ 둥둥·빰빠라 밤(게임) ⑤ '가자·오랑·스무' 참가자 전원 승부 짓기(게임)	① 노래 시범, 노래 반주 ② 노래·게임 시범, 노래 반주 ③ 노래·게임 시범, 노래 반주 ④ 게임 시범 ⑤ 게임 시범
2	분위기 조성	30분	① 기지개와 안마(노래·율동) ② 무릎 치고 탑을 쌓고(노래·율동) ③ 인물 콘테스트(게임) ④ 물에 뜬 사과 물기(게임)	① 체조 시범, 노래 반주 ② 노래·율동 시범, 노래 반주 ③ 게임 도구 ④ 게임 도구
		55분		

학교나 사회 단체, 직장 등 어디에서나 때가 되면 새로운 가족들을 맞게 된다.

신입생(신입 회원·사원)들은 우선 기존의 분위기에도 익숙하지 않고 대인 관계에 있어서도 서먹서먹하게 마련이다.

이런 점들을 감안하여 운영 위원회에서는 그들에게 환영 파티를 통하여 서로가 친숙해질 수 있는 기회를 제공하고 기존 분위기에도 잘 적응할 수 있는 계기를 마련하며, 용기와 희망을 갖도록 도와 줄 필요가 있다.

환영 파티를 준비할 때는 1)일시와 장소, 2)참석자의 범위와 인원, 3)프로그램, 4)시설과 장식, 5)안내장(초대장) 또는 포스터, 6)식사 또는 음료와 간식, 7)소요 예산 등의 사항을 협의하여 결정하고 그 내용을 추진하게 된다.

여기에서는 일반적으로 계획되고 운영되는 프로그램의 내용을 소개하기로 하였다.

순 서	구 분	시 간	내　용	특기 사항
1	준비의 시간	30분	① 파티장의 분위기 연출 : 파티장의 시설과 장식, 식사 또는 음료와 간식, 음향, 프로그램에 필요한 소도구나 상품 등을 준비하고 분위기에 맞는 음악을 방송한다 ② 신입생과 내빈 영접 : 운영 위원회 임원들이 입구에서 인사를 나누며 반갑게 맞이한다 ③ 파티의 시작을 알리는 안내 방송	① 좌석 배치, 안내 탁자, 명찰, 참석자 명단, 방명록, 사인보드, 식사, 음료, 간식, 배경 음악 ② 안내 도우미 ③ 마이크, 방송 도우미

순 서	구 분	시 간	내　　용	특기 사항
2	시작의 시간	15분	① 개회 선언 : 사회자 ② 국민 의례 : 애국가(1절) ③ 개회사 : 대표(회장, 사장) ④ 신입생(회원, 사원) 소개 ⑤ 기념품 증정 : 모임에 있어 상징이 될 만한 것[배지(badge), 수첩, 타이스트링, ……]을 준비한다	① 팡파르 ② 노래 반주 ③ 개회사 원고 ④ 신입생, 내빈 명단 ⑤ 기념품 증정자 선정
3	나눔의 시간	100분	① 식사 또는 음료나 간식 : 파티가 저녁 시간인 경우에는 식사, 낮 시간인 경우에는 간단한 간식이나 음료를 준비한다 ② 만남과 인사(노래 · 율동 · 게임) ③ 레크리에이션 댄스 ④ 즐거운 게임 : 주의 집중 게임, 분위기 조성 게임	① 식사 또는 음료나 간식, 도우미, 배경 음악 ② 악보, 진행자, 노래 반주 ③ 춤 시범자(2), 춤 음악 ④ 게임 소도구, 진행자, 상품
4	다짐의 시간	20분	① 교가(회가, 사가) 제창 : 참석자 전원 ② 촛불 의식 : 소속감과 희망, 그리고 새로운 각오를 다짐할 수 있도록 한다 ③ 기념 사진 촬영 : 참석자 전원 ④ 폐회 선언	① 노래 반주 ② 초, 초 받침, 점화용 라이터, 배경 음악 ③ 사진 기사 · 장비 ④ 배경 음악
		165분		

　　환영 파티 프로그램에 있어서 적절한 레크리에이션 내용을 추천하여 보면 다음과 같다.

순서	구 분	시 간	내 용	특기 사항
1	만남과 인사	35분	① 만남과 인사 1(노래 · 율동 · 게임) 　㉠ 만나면 즐겁게 　㉡ 인사하고 손뼉 쳐 　㉢ 열 사람 만나 인사 ② 만남과 인사 2(레크리에이션 댄스) 　㉠ 안녕하세요 　㉡ 또 만났군요 　㉢ 훌랄라 폴카	① 악보, 시범자, 진행자, 노래 반주 ② 춤 시범자(2), 춤 음악 또는 노래와 노래 반주
2	주의 집중	10분	① 의견 일치에 의한 문장 만들기 (Jumble Quiz)(게임) ② 간단한 팝 퀴즈(Pop Quiz) 대항 (게임)	① 게임 용지, 필기구 ② 게임 용지, 필기구
3	분위기 조성	15분	① 몸짓 대항 운동 경기(게임) ② 기차 만들기(노래 · 게임)	① 승부 기록 게시판, 상품 ② 노래와 반주, 상품
4	다짐의 시간 (환영 의식)	20분	① 교가(회가, 사가) 제창 : 다 같이 노래하는 사이에 초를 한 자루씩 나누어 준다 ② 촛불 전달과 진행자 멘트 ③ 신입생(회원, 사원)에게 주는 메시지 ④ 촛불 환호 : 촛불을 머리 위로 높이 올리고 소속 단체의 이름을 열호한다 ⑤ 촛불 들고 윤회 인사 : 촛불을 들고 행진하며 환영 인사를 나눈다 ⑥ 기념 사진 촬영 ⑦ 폐회 선언	① 노래 반주, 초, 초 받침 ② 점화용 라이터, 배경 음악 ③ 메시지 원고, 배경 음악 ④ 특수 효과 ⑤ 배경 음악 ⑥ 사진 기사 · 장비 ⑦ 배경 음악
		80분		

X 경로(敬老) 잔치

65세 이상의 고령자(노인)를 대상으로 하여 노후 생활의 외로움과 건강이나 경제적인 어려움 등을 위로해 드리고, 노후 생활을 보다 밝게, 그리고 삶의 중요한 관심사로 받아들일 수 있는 계기를 마련하여 드리며, 젊은이들에게는 경로 사상을 고취할 수 있도록 하기 위한 다양한 프로그램을 마련하는 잔치를 일컬어 '경로 잔치'라고 한다.

경로 잔치는 노인들이 활동하기에 좋은 봄이나 가을날 오후 시간에 지역 사회의 마을 회관 또는 경로당이나 사회 단체의 강당 또는 식당 등의 실내에서 주로 이루어진다.

야외 행사로서의 경로 잔치는 날씨에 따라 진행에도 불편을 줄 뿐만 아니라 노인들에게 체력 소모가 많아져 실내 공간을 선택하는 것이 합리적이다.

그리고 노인들에게 식사를 제공하지 않는 한 식사 시간을 충분히 피해 경로 잔치의 시간을 정할 필요가 있다.

프로그램은 노인 생활의 단조로운 분위기에서 경로 잔치를 통해서 기분 전환이 충분히 될 수 있도록 다양하게 구성하는 것이 원칙이며 노인들이 경로 잔치를 끝내고 귀가할 때에는 기분 좋게 돌아 가실 수 있도록 적당한 기념품이나 선물 또는 상품을 드리는 것이 좋다.

경로 잔치의 프로그램을 일반적인 순서에 따라 구성하고 정리해 보면 그 내용은 다음과 같다.

순 서	구 분	시 간	내　　　용	특기 사항
1	준비의 시간	(60분)	① 행사 시설 및 용품 배치 완료 ② 길놀이 : 노인들께서 많이 모이시고 시간에 맞춰 행사장에 들어가도록 주로 농악대를 활용한다 ③ 안내 방송 : 노인들이 좋아하시는 민요나 전통 음악과 함께 행사 내용을 안내한다 ④ 볼 거리 공연 : 초청 연예인 또는 관내 주민들로 구성한 민요나 전통 춤을 공연한다	① 좌석, 기념품, 상품, 도시락 등 ② 농악대 ③ 방송 장비, 배경 음악, 방송 도우미 ④ 볼 거리 출연 팀, 무대 공연 협조
2	시작의 시간	15분	① 개회 선언 : 사회자 ② 국민 의례 : 국기에 대한 경례로 대신한다 ③ 단체장 인사 : 경로 잔치를 주최하는 단체장 ④ 축사 : 의회 의장 등 내빈 중에서 ⑤ 표창 또는 감사패 전달 ⑥ 공지 사항 안내	① 팡파르 ② 의식 음악 ③ 원고 ④ 코르사주 ⑤ 표창패, 감사패, 부상
3	나눔의 시간	121분	① 사회자 인사 ② 주민들이 준비한 공연 : 합창, 무용 등 ③ 초청 공연 : 할아버지 음악 연주단, 판소리 명창, 한국 무용단, 원맨쇼(만담) 등 ④ 식사 : 가능하면 서빙되는 한식 식단이 좋다 ⑤ 레크리에이션 　㉠ 노래 부르기 : 민요 부르기 　㉡ 도전, 노인 가요 열창 　㉢ 도전, 노인 기네스 게임 　㉣ 분위기 조성(게임)	① 팡파르 ② 무대 공연협조 ③ 무대 공연협조 ④ 식사 일체, 도우미 ⑤ ㉠ 노래 반주단 　㉡ 노래 반주단, 상품 　㉢ 게임 도구, 상품 　㉣ 게임 도구, 상품, 배경 음악

제1장 파티·잔치·축제 레크리에이션의 유형

순 서	구 분	시 간	내 용	특기 사항
4	다짐의 시간	21분	① 행운 추첨 ② 경로 잔치 기념품 증정 ③ 기념 사진 촬영 ④ 폐회 선언	① 행운 번호, 행운함, 상품 ② 기념품, 도우미 ③ 사진사, 사진 장비 ④ 배경 음악
		157분 (217분)		

경로 잔치 프로그램에 있어서 적절한 레크리에이션 프로그램을
추천하여 보면 그 내용은 다음과 같다.

순 서	구 분	시 간	내 용	특기 사항
1	노래 부르기	10분	① 아리랑 ② 진도 아리랑 ③ 군밤 타령	① 노래 시범자, 반주자 ② 노래 시범자, 반주자 ③ 노래 시범자, 반주자
2	도전, 노인 가요 열창	10분	① 읍·면·동 단위 대표 대항전 ② 할아버지 대표 대항전 ③ 할머니 대표 대항전	① 노래방 기기 ② 심사 위원단 ③ 상품
3	도전, 노인 기네스 게임	10분	① 옷 빨리 바꿔 입고 분장하기 : 장군 복장, 임금 복장, 왕비 복장, 궁녀 복장, 군인 복장, 경찰 복장, 소방관 복장, 허수아비 복장, 운동 선수 복장 등 ② 피에로 의상 입고 옷 속에 풍선 불어 넣기 : 협조 도우미 3~5명씩 같이 출연하는 것이 좋다	① 게임용 의상, 상품 ② 게임용 의상, 풍선, 상품
4	분위기 조성 게임	10분	① 기지개와 안마(노래·율동) ② 인물 콘테스트(게임)	① 게임 음악 ② 게임 도구, 상품
		40분		

제 **2** 장

파티·잔치·축제 레크리에이션 프로그램

1. 파티·잔치·축제 레크리에이션 프로그램에 있어서 레크리에이션 프로그램의 자료는 그 활용 용도별로 1)만남과 인사, 2)주의 집중, 3)짝(파트너)과의 관계 개선, 4)분위기 조성 등의 내용으로 분류하였다.

2. 분류된 자료의 앞에는 놀이 제목에 따라 프로그램의 선택(돌잔치, 약혼식, 칠순 잔치, 동창회, 송년 파티 등), 인원, 장소, 대형별 활용 가능성의 유무를 찾아보기 표(sheet)에 넣어 프로그램에 참고하도록 하였다.

3. 파티·잔치·축제 레크리에이션 프로그램에 있어서 레크리에이션 자료를 선택하고 진행하고자 하는 사람은 먼저 '찾아보기 표'를 잘 읽고 그 내용을 이해한 후 실시하기에 앞서서는 예행 연습(리허설)에 의한 놀이의 수준, 시간, 도구, 규칙, 난이도 등을 조절할 필요가 있다.

4. 행사 당일에는 준비된 레크리에이션의 내용이라 하더라도 현장 분위기에 따라 계획대로 진행하는 것이 적합한지, 아니면 순서를 바꾸어서 진행하는 것이 좋은지를 잘 판단하여 활용하도록 한다.

5. 같은 내용의 레크리에이션이라 하더라도 진행자의 말 솜씨, 표정, 태도, 진행 방법 등에 따라서는 그 결과가 엄청나게 달라질 수 있다는 것을 잊지 말고 '레크리에이션 지도자의 자세와 역할', '레크리에이션 프로그램의 지도 방법' 등의 이론에 대해서도 미리 예비 지식을 가지고 파티·잔치·축제 등의 레크리에이션 프로그램 진행에 나서도록 하는 것이 좋다.

I 만남과 인사를 위한 레크리에이션

※ **만남과 인사를 위한 레크리에이션 찾아보기 표**

순서	놀이 이름	프로그램의 선택									
		I	II	III	IV	V	VI	VII	VIII	IX	X
1	정다운 만남(M⁺G)	○	○	○	△	△	○	○	○	◎	△
2	만나면 즐겁게(M⁺G)	○	○	○	△	△	○	○	◎	○	△
3	그림으로 자기 소개(MG)	○	○	△	△	△	△	△	○	◎	△
4	인사의 노래와 자기 소개(MG)	○	○	○	△	△	△	○	△	◎	△
5	이름 더해 가며 자기 소개(G)	○	○	○	△	△	△	○	△	◎	△
6	바꾸어 소개하기(G)	○	○	○	△	△	△	○	△	◎	△
7	인사하고 손뼉 쳐(M⁺G)	○	○	○	△	△	○	○	○	◎	△
8	오른발 왼발(M⁺G)	△	△	△	×	×	△	○	○	◎	△
9	이름 빙고(Name Bingo)(G)	×	△	△	×	×	△	○	○	◎	×
10	열 사람 만나 인사(M⁺G)	×	△	△	×	×	△	○	○	◎	×
11	내 이름 풀어 네 이름(G)	△	△	△	×	×	△	△	△	◎	×
12	조각 맞추며 파트너 찾기(G)	×	△	△	×	×	×	○	△	◎	×
13	호랑이다(MG)	△	×	×	×	×	△	△	△	○	×
14	또 만났군요(RD)	×	△	△	×	×	○	○	○	◎	×
15	안녕하세요(RD)	×	△	△	×	×	○	○	○	◎	×
16	훌랄라 폴카(RD)	×	△	△	×	×	○	○	◎	○	×
17	빙빙 돌아라(RD)	×	△	△	×	×	○	○	◎	○	×
18	도레미(RD)	×	△	△	×	×	○	○	◎	○	×
19	구스타브스 스콜(Gustav's skoal)(FD)	×	×	×	×	×	○	○	○	△	×
20	코로브시카(Korobushka)(FD)	×	△	×	×	×	○	○	○	◎	×

M⁺ : 노래 · 율동
MG : 노래 · 게임
M⁺G : 노래 · 율동 · 게임
G : 게임
RD : 레크리에이션 댄스
FD : 민속 무용

I : 돌잔치
II : 약혼식 파티
III : 결혼식 파티
IV : 회갑 · 칠순 · 팔순 잔치
V : 은혼식 · 금혼식 잔치
VI : 동창회 파티
VII : 송년 파티(행사)
VIII : 어린이날 축제
IX : 신입생(신입 회원 · 사원) 환영 파티
X : 경로 잔치

◎ : 가장 좋음, ○ : 가능함, △ : 응용하면 가능함, × : 불가능함

인 원					장 소				대 형							페이지
●	∞	○	■	▣	≡	○	□	ʊ	ʊ	∞	○	⊂⊃	⊗	↑↑	□	
X	◎	○	○	○	○	◎	○	△	○	◎	○	△	X	X	△	52
X	○	◎	○	○	○	◎	○	△	◎	○	○	△	X	X	△	53
○	○	◎	○	○	○	○	◎	△	△	○	◎	○	○	○	○	54
X	○	○	○	○	△	△	○	△	○	○	◎	○	○	△	△	55
X	△	◎	○	△	○	◎	○	△	○	△	○	◎	○	○	△	56
X	△	○	○	△	△	○	○	△	△	△	○	○	○	△	△	57
X	△	○	○	○	○	◎	○	△	○	◎	○	X	△	X	△	58
X	○	○	○	◎	X	◎	X	△	X	◎	○	△	○	X	X	59
X	X	○	○	◎	○	○	◎	△	○	○	○	△	◎	X	X	60
X	X	○	○	◎	X	◎	X	△	X	△	◎	△	△	X	X	62
X	△	△	○	◎	○	○	○	△	△	○	○	△	○	X	X	63
X	△	○	◎	○	○	○	◎	△	○	○	○	○	○	X	X	64
X	X	△	◎	○	○	◎	△	△	X	X	◎	○	△	X	X	65
X	X	△	○	◎	○	◎	△	△	X	○	○	○	△	X	X	66
X	X	△	○	◎	○	◎	△	X	○	○	○	X	○	X	X	68
X	X	△	○	◎	○	◎	△	X	○	○	○	X	○	X	X	69
X	X	△	○	◎	○	◎	△	△	X	X	◎	○	△	X	X	70
X	X	△	○	◎	○	◎	△	△	X	X	◎	○	△	X	X	71
X	X	△	○	◎	X	◎	X	△	X	○	◎	X	X	X	◎	72
X	X	△	○	◎	X	◎	X	○	X	○	◎	X	X	X	X	74

● : 개인
∞ : 2인 1조
○ : 소그룹(15명 이내)
■ : 그룹(20~30명)
▣ : 매스(50명 이상)

≡ : 고정된 의자
○ : 이동 가능한 의자
□ : 식탁
ʊ : 무대

ʊ : 진행자를 향한 대형
∞ : 둘이 마주 본 대형
○ : 원형
⊂⊃ : 팀 대형
⊗ : 섞임 또는 분산형
↑↑ : 릴레이 대형
□ : 스퀘어형(정방형)

1 정다운 만남

두 사람씩 짝을 이루고 마주 앉아 '정다운 만남'을 노래한다.

박창영 작사
박창영 작곡

인 사 를 하 고   인 사 를 하 고

정 - 다 운 만   남 을 새 겨 봅 시 다

여러 나라의 인사법도 다음과 같이 연습한다.

각자 팔짱을 낀 모양과 같은 자세로 고개를 숙이면서 "니 하우머" 하며 인사한다(중국의 인사).

▲ 중국의 인사

가슴 앞에서 두 손바닥을 모아 고개를 숙이면서 "나마스테" 하고 인사한다(네팔의 인사).

▲ 네팔의 인사

서로 상대(짝)의 어깨를 두 손으로 가볍게 두드리며 고개는 왼쪽으로 살짝 숙이고 "샬롬" 하고 인사한다(이스라엘의 인사).

▲ 이스라엘의 인사

이번에는 서로 악수를 나누며 덕담과 칭찬의 인사말로 "좋은 하루 되세요.", "즐거운 저녁 되세요." 하고 인사한다(우리 나라의 인사).

▲ 우리 나라의 인사

노래와 인사 연습이 끝나면 이제는 다시 노래할 때마다 중국, 네팔, 이스라엘, 우리 나라의 인사를 하게 하면서 즐겁고 유쾌한 만남의 분위기를 만든다.

두 사람씩 짝을 지어 마주 앉아 '만나면 즐겁게'를 노래한다.

박창영 작사
박창영 작곡

만나면 즐겁게 인사합시 다   오른손 왼-손 악수합시 다

손뼉을 치면서 마주앉아 서   모두다 두팔로 가위바위 보

· **만나면 즐겁게 인사합시다**(8박자) : 서로 오른손 엄지손가락 도장을 찍고(1박자), 다시 왼손 엄지손가락 도장을 찍고(1박자), 같은 동작을 반복한다.

· **오른손 왼손 악수합시다**(8박자) : 서로 오른손으로 악수하고(2박자), 왼손으로 악수하고(2박자), 오른손끼리 왼손끼리 마주 잡은 채로 악수한다(4박자).

· **손뼉을 치면서 마주 앉아서**(8박자) : 자기 손뼉 세 번 치고(2박자), 짝과 두 손을 세 번 마주치고(2박자), 박자에 따라 자기 손뼉과 짝과의 손뼉을 세 번씩 반복한다(4박자).

· **모두 다 두 팔로 가위바위보**(8박자) : 머리 위에 두 팔을 올려 오른쪽, 왼쪽으로 흔들다가 '가위바위보' 하며 다음과 같이 두 팔로 가위바위보를 한다.

◀ 가위   ◀ 바위   ◀ 보

노래와 동작을 하며 가위바위보를 세 번쯤 해서 보다 많이 이긴 사람이 승리한 것으로 판정한다.

3 그림으로 자기 소개

참가자 모두에게 각각 도화지(가로 26cm, 세로 19cm의 크기) 1장씩 나누어 준다.

참가자들은 도화지 위에 자기 소개를 그림으로 그린다.

잘 그리고 못 그리고는 문제가 되지 않는다. 그림 사이에 설명을 적어 넣어도 좋다.

이름 : 김성은
취미 : 독서
별명 : 똑순이

학창 시절의 나의 모습이에요! 어때요?

이름 : 박인숙
취미 : 여행
별명 : 따봉

넉넉한 체격에 낭만파예요

자기 소개 그림이 모두 완성되고 나면 8~10명 단위로 그룹을 지어 원형으로 둘러앉는다.

차례에 따라 한 사람씩 그림을 들어 보이며 자기 소개를 한다.

분위기에 따라 자기 소개를 파트너와 바꾸어 하는 것도 좋다.

소개가 끝나면 그룹마다 가장 인상적으로 소개되어진 사람(또는 커플)을 뽑아 시상한다.

게임을 끝낼 때에는 다 같이 즐거운 마음으로 '환영의 노래'를 부르며 더욱 친숙한 분위기를 조성한다.

환영의 노래

박창영 작사 · 정리
콕스 작곡

우리 모두 환영해 요   모두 들 환영합니 다

우리 모두 진심 으로   즐 겁게 환 영을 해 요

인사의 노래와 자기 소개 4

모두 원형으로 둘러앉으면 다 함께 인사의 노래를 부른다.

인사의 노래

게임 송
영국 노래

안녕하세요   누구십니까   아 - - - - 그렇습니까

순서에 따라 자기 소개를 할 3~5명이 함께 자리에서 일어난다.

이제 다 같이 "안녕하세요? 누구십니까?"(8박자)까지 노래하면 자리에서 일어난 사람들은 차례로 자기 소개를 이어서 한다.

"박창영입니다. 안녕하세요?"

"김성은입니다. 반갑습니다."

"강봉식입니다. 잘 부탁드립니다."

자리에서 일어난 사람들의 자기 소개가 이어져 다 끝나면 모두는 인사의 노래 뒷부분 "아! 그렇습니까?"(8박자)를 노래한 후 다 같이 환영의 박수를 친다.

모두 자기 소개가 끝날 때까지 같은 방법으로 진행한다.

참고

한번에 3~5명이 일어나 소개하면 수줍음을 많이 타거나 발표력이 부족한 사람들에게 자연스럽게 자기 소개를 유도할 수 있고 아울러 진행 시간도 절약할 수 있다.

5 이름 더해 가며 자기 소개

참가자 모두 원형으로 둘러앉는다.

게임이 시작되면 진행자가 지적한 사람은 자리에서 일어나 "안녕하세요? 박창영입니다." 하고 인사한 후 자리에 앉는다.

차례에 따라 다음 사람은 자리에서 일어나 "박창영 씨, 안녕하세요? 저는 김성은입니다." 하고 먼저 인사한 사람과 인사를 나눈 뒤 자기 이름을 말하고 자리에 앉는다.

그 다음 사람은 자리에서 일어나 "박창영 씨, 김성은 씨, 안녕하세요? 저는 조성훈입니다."라고 인사한 후 자리에 앉는다.

계속해서 일어나는 사람은 앞서 인사한 사람들의 이름을 모두 말하고 나중에 자기 이름을 말하며 인사해 나가는 게임이다.

참고

차례가 뒤로 갈수록 많은 사람들의 이름을 말해야 하는데, 이것이 어려울 때에는 옆에 앉아 있는 사람들이 기억을 도와 주는 것도 좋다. 그 이유는 게임의 목적이 보다 많은 사람들의 얼굴과 이름을 기억하여 친숙해지는 데에 있기 때문이다.

참가자들이 30~40명 정도일 때에 가장 적당한 게임이다.

모두 원형으로 둘러앉는다.

두 사람씩 짝을 지어 서로 자기를 소개하고 알고 싶은 것을 질문하게 한다. 참가자 모두에게 소개할 내용을 간단히 기록하는 것도 좋다.

두 사람이 서로간에 소개가 끝나면 차례에
따라 이제는 참가자 모두에게 소개 받은 상
대를 소개하게 한다.

이때 소개 받는 사람은 자리에서 일어서고, 소개하는 사람은 자리에 앉아서 하는 것이 좋다. 두 사람이 모두 일어나는 경우에는 소개 받은 사람보다 소개하고 있는 사람, 즉 말하고 있는 사람에게 시선이 집중되기 때문이다.

다른 방법으로 1열 원형으로 앉은 후 'A'는
'B'에게 질문하여 'B'를 소개하고 'H'는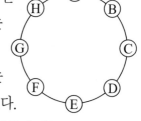
'A'에게 질문하여 'A'를 소개한다.

이와 같이 'B'는 'C'를 소개하고 'C'는
'D'를 소개하여 참가자 모두가 소개 받게 된다.

앞의 방법이 두 사람 사이의 대화에서 이루어지는
바꾸어 소개하기라면 뒤의 방법은 그 관계를 세 사람으로 늘인 점에 특징이 있다고 할 수 있다.

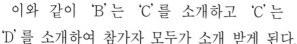

참고

서로 바꾸어 소개할 내용을 간단한 기록 용지에 이름, 소속, 가족 관계, 취미, 가장 큰 바람, …… 등을 미리 준비하여 참가자들이 참고로 하여 대화하도록 하는 것도 좋다.

7 인사하고 손뼉 쳐

두 사람씩 짝을 지어 마주 앉아 먼저 노래와 동작을 한다.

인사하고 손뼉 쳐

박창영 정리

인 사 하 고 인 사 하 고 손뼉쳐   인 사 하 고 인 사 하 고 손뼉쳐

빙 글 빙 글 빙 글 빙 글 손뼉쳐   빙 글 빙 글 빙 글 빙 글 손뼉쳐

· **인사하고 인사하고**(4박자) : 서로 두 손을 마주 잡고 흔들며 노래한다.

· **손뼉 쳐**(4박자) : 짝과 두 손바닥을 박자에 따라 세 번 마주친다.

· **빙글빙글 빙글빙글**(4박자) : 각자 두 손을 가슴 앞에서 실을 감듯 빙글빙글 돌린다.

노래와 동작이 끝나면 두 손으로 짝과 가위바위보를 한다. 두 손 가위바위보는 각기 다른 동작, 즉 오른손은 가위, 왼손은 바위의 방법으로 동작을 취한다.

두 손 가위바위보의 승부 판정은 서로 내어 놓은 손 중에서 같은 동작은 손을 맞잡는다. 두 손이 다 연결되면 비긴 것으로 한 손만 연결되었으면 남은 손의 승부에 따라 이긴 사람을 가리면 된다.

노래와 동작, 그리고 가위바위보 승부를 세 번쯤 진행하여 보다 많이 이긴 사람이 승리한 것으로 판정한다.

두 사람씩 마주 보고 서서 두 손을 잡는다. 노래와 함께 동작을 취한다.

오른발 왼발

박창영 개사·정리

오른발 왼 - 발 뛰 어 서 왼 - 발 오 른 발 뛰 어 서

돌 아 서 돌 아 서 인 사 합 시 다 돌 아 서 돌 아 서 악 수 합 시 다

- **오른발**(2박자) : 제자리에서 오른발을 들었다 놓는다.
- **왼발**(2박자) : 제자리에서 왼발을 들었다 놓는다.
- **뛰어서**(4박자) : 제자리에서 오른발, 왼발, 오른발, 왼발 순으로 발을 들었다 놓으면서 뛴다.
- **돌아서 돌아서**(4박자) : 두 손을 잡은 짝과 시계 방향으로 뛰어 돈다.
- **인사합시다**(4박자) : 두 손을 잡은 짝과 허리 굽혀 인사한다.
- **악수합시다**(4박자) : 짝과 오른손은 오른손끼리, 왼손은 왼손끼리 두 손을 엮어 잡고 악수와 인사를 나눈다.

노래가 끝나면 짝과 마주 본 대형에서 서로 왼발을 옆(왼쪽)으로 옮겨 다른 짝과 만난다.

같은 방법으로 노래와 동작을 통하여 만남과 인사를 이루어 나간다.

9 이름 빙고 (Name Bingo)

자유롭게 움직여 서로를 만나 인사를 나누고 서로 간에 이름을 써 주고받은 후, 함께 모여 한 사람씩 소개해 가며 행운을 가리는 게임이다.

먼저 참가자들 모두에게 옆의 표와 같은 서식의 종이를 한 장씩 나누어 주고 각자 볼펜이나 연필을 준비하도록 한다.

자기 이름 : 박창영			

※실제 종이의 크기는 가로 19cm, 세로 19cm로, 가능하면 두꺼운 종이를 사용하는 것이 좋다.

진행자는 게임의 참가 방법을 간단 명료하게 안내한다.

1)종이의 첫 칸에 자기 이름을 적어 넣는다.

2)진행자의 게임 안내가 끝나면 모두 자리에서 일어나 두루 다니며 만나는 사람마다 인사를 나누고 각자 종이에 이름을 써 주고받는다. 이때 종이의 첫 칸에 적힌 이름 때문에 그 종이가 누구의 것인지 구분이 되므로 종이를 바꾸지 말고 가지고 다녀야 한다.

3)각기 다른 24명을 만나 인사를 하고 이름을 써 주고받으면 종이에는 만난 사람들의 이름으로 가득 찬다.

4)이제는 이름이 가득 찬 종이를 가지고 자기가 앉았던 자리로 돌아와 앉는다.

모두 자기 종이에 만난 사람들의 이름을 가득 채우고 자리에 앉으면 진행자와 함께 행운을 가리는 순서로 들어간다.

명함 크기(가로 9cm, 세로 5.5cm)의 두꺼운 종이에 참가자 이름을 한 사람씩 적은 카드를 준비하여 잘 섞은 후 진행자는 이름을 불러 나간다.

이름이 불려진 사람은 자리에서 일어나 인사하고, 참가자 모두는 환영의 박수를 친다.

참가자들은 일어나서 인사한 사람이 자기 종이에 있으면 이름 위에 동그라미를 그린다.

같은 방법으로 한 사람씩 소개가 이루어지는데, 미리 예고한 형식으로 이름을 맞추면 '빙고' 행운의 주인공이 된다.

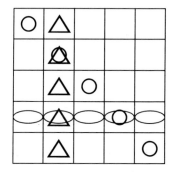

▲ 5칸이 나란히 맞으면 '직선 빙고'

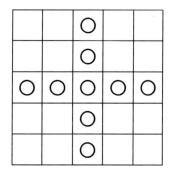

▲ 위의 모양은 '십자 빙고'

진행자는 어떤 빙고로 행운을 가릴 것인지 참가자들에게 먼저 일러 주어야 하고 규칙에 따라 '빙고'가 이루어지더라도 제일 먼저 "빙고!" 하고 소리 쳐 행운을 알린 사람에게 시상한다.

"빙고!"를 외치고 나온 사람은 게임 종이를 가지고 참가자 모두에게 확인하도록(동그라미 친 이름을 직접 부르도록 한다) 한 후 다 같이 축하하며 시상한다.

10 열 사람 만나 인사

모두 2열 원형으로 둘러서서(남자는 원 안쪽에서 바깥쪽을 향하고, 여자는 원 밖에서 원 안쪽을 향하여 선다) 짝을 마주 보고 대형을 갖춘다.

노래에 맞춰 다음과 같이 게임을 시작한다.

미국 노래
박창영 개사·정리

한 사람두 사람 세 사람인 사 네 사람다섯사람 여섯 사람인 사

일곱사람여덟사람 아홉사람인 사 열 사람만 나 인 사

· 한 사람(2박자) : 노래에 맞춰 자기 앞에 선 짝과 악수한다.

· 두 사람(2박자) : 왼발부터 각기 왼쪽으로 한 걸음 옮겨 다음 짝을 만나 악수한다.

· 세 사람 인사(4박자) : 다시 왼발부터 왼쪽으로 다음 짝을 만나 악수한다.

같은 방법으로 노래의 사람 숫자가 바뀔 때마다 다음 짝을 만나 인사한다.

'열 사람 만나 인사'(8박자)하고 노래가 끝날 때 만난 사람과는 서로 자기 소개를 하고 '학교 동창', '친척', '애인' 등의 별칭을 붙여 준다.

노래가 이어지며 앞서 소개한 대로 별칭을 붙이고 나면 노래 사이에 "애인끼리 만나세요."와 같이 먼저 만났던 짝을 찾도록 한다.

내 이름 풀어 네 이름 **11**

서로 가슴에 달고 있는 이름표를 확인해 가며 자기 이름과 같이 풀어서 공통점이 있는 경우에만 만남이 이루어지는, 그리고 행운을 가려 시상하는 게임이다.

진행자는 참가자들에게 다음과 같은 형식의 종이를 한 장씩 나누어 주고 게임 절차를 안내한다.

참가자의 이름 : 박창영 / 소속 : 산업레크리에이션 연구소 / 행운 번호 : 3				
자모	만난 사람	별 명	소속이나 주소	서 명
ㅂ				
ㅏ				
ㄱ				
ㅊ				
ㅏ				
ㅇ				
ㅇ				
ㅕ				
ㅇ				

참가자 이름과 소속을 적고 자모에는 자기 이름을 쓰는 순서대로 자음과 모음을 각기 나누어 칸마다 적어 넣는다.

게임이 시작되면 각자 종이를 가지고 움직이며 자기 이름의 자음이나 모음의 철자를 가진 다른 사람을 만나 그 사람의 친필로 해당되는 칸에 내용대로 적어 받는다. 이때 주의할 점은 같은 사람의 이름이 중복되지 않도록 한다. 종이에 적힌 자모에 따라 빈 칸을 다채우면 진행자에게 가서 행운 번호를 받은 후 자기 자리에 앉는다.

진행자는 행운 번호의 순서에 따라 일어나서 만난 사람을 한 사람씩 소개하도록 하고 그 이름이 적혀 있는 사람의 손을 들게 한다.

다섯 사람 단위로 손을 든 횟수가 가장 많은 사람을 선별하여 시상한다. 그리고 행운 번호는 별도로 추첨하여 시상한다.

12 조각 맞추며 파트너 찾기

반쪽으로 잘린 카드 조각을 가지고 나머지 반쪽을 가진 파트너를 찾는 게임이다.

그림 엽서나 카드 또는 잡지 등에서 같은 크기로 게임 참가자의 반(半) 수(60명이면 30장)만큼 오려낸 것을 다시 불규칙하게 가위로 오려 그 반은 남자편에, 또 그 반은 여자편에 나누어 놓는다.

게임이 시작되면 남자와 여자들은 각기 준비한 카드 조각을 하나씩 가지고 다니며 자기와 같은 그림 내용의 반쪽을 들고 있는 파트너를 찾는다.

참고

갑자기 카드(그림) 조각을 많이 마련하기 어려울 때에는 '로미오와 줄리엣', '이몽룡과 성춘향', '이수일과 심순애' 등 익히 잘 알려져 있는 이름을 카드에 나누어 기록하고 파트너를 찾도록 할 수도 있다.

다른 방법으로는 파트너가 될 사람에게 같은 노래 또는 시나 구호를 외치고 다니며 파트너를 찾도록 할 수도 있다.

원형으로 둘러앉아 노래에 맞춰 게임을 시작한다.

루마니아 노래
박창영 작사 · 정리

여 보 세 요   나 오 세 요   라 라 라 라 라   라
나 를 따 라   춤 을 춰 요   라 라 라 라 라   라

'여보세요 나오세요 라라라라라'를 여러 번 노래하는 사이에 술래는 앉아 있는 사람들 앞을 지나며 누구든 한 사람을 불러내어 뒤를 따르도록 한다.

'나를 따라 춤을 춰요 라라라라라' 할 때 술래는 춤을 추는데 그 뒤를 따르는 사람은 술래와 같은 동작으로 춤을 춰야 한다.

같은 방법으로 노래를 이어 가며 계속해서 움직이면 술래 뒤에는 많은 사람이 따르게 된다.

진행자는 적당한 시기를 선택하여 "호랑이다!" 하고 외친다.

진행자의 '호랑이다!' 소리를 들으면 술래와 함께 행진하던 사람들 모두는(술래도 같이) 재빨리 빈 자리를 찾아 앉아야 한다.

빈 자리를 찾지 못하거나, 제일 늦게 자리에 앉은 사람은 술래가 된다.

술래가 된 사람은 앞으로 나와 다시 처음부터 게임을 시작하게 된다.

14 또 만났군요 _____

▶**대형** : 두 사람씩 마주 보고 선 자유 대형

▶**음악** : 4/4박자

▶**무용법**

① 8박자 : 짝과 도시도(Do-Si-Do)를 한다.

② 8박자 : 두 손을 겹쳐 어깨 높이로 올리고 시도(Si-Do)를 한다.

③ 4박자 : 짝과 마주 보고 서서 손뼉을 세 번 마주치면서 "또 만났군요."라고 말한 후 1박자를 쉰다.

④ 4박자 : 두 손을 실을 감듯 돌리고(1~2), 팔꿈치로 허리를 치며(3~4) "사랑합니까?" 하고 말한다.

⑤ 4박자 : 오른발 스텝(step)하고 왼발 구부려 들며 얼씨구 손뼉 치고(1~2), 왼발 스텝하고 오른발 구부려 들며 얼씨구 손뼉 치며(3~4) 동시에 "그렇고 말고."라고 말한다.

⑥ 4박자 : 짝과 두 손을 마주 잡고 무릎을 구부리고 발 벌려 뛰고(1), 오른발을 들고 뛰며(2), 다시 무릎을 구부려 발 벌려 뛰고(3), 왼발 들고 뛰는(4) 동시에 "춤을 춥시다." 하고 말한다.

⑦ 4박자 : 두 발을 모으고 두 손가락 모두 펴 가슴 앞으로 올린 다음 허리와 함께 오른쪽, 왼쪽으로 두 번씩 흔들며 "천만의 말씀."이라고 말한다.

⑧ 4박자 : 서로 제자리에서 시계가 도는 방향(CW)으로 한 바퀴 돌며 "헤어집시다."라고 말한 다음 새로운 짝을 찾는다.

※진행 방법 : ①에서 ⑥을 반복하는 방법, ①②③④⑦⑧을 반복하는 방법, 또는 앞의 두 가지 방법을 혼용하는 방법이 있다.

▶동작 변화

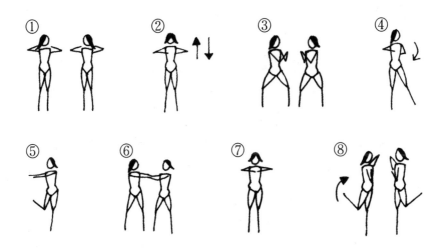

※도시도(Do-Si-Do)

15 안녕하세요

▶**대형** : 두 사람씩 마주 보고 선 자유 대형 또는 2열 원형

▶**음악** : 4/4박자

▶**무용법**

① 4박자 : 두 사람이 마주 보고 서서 무릎 반동과 함께 악수 세 번 하면서 "안녕하세요." 인사하고 1박자는 쉰다.

② 4박자 : 두 팔을 허리 옆에서 펭귄 모양으로 하고 머리와 허리를 오른쪽-왼쪽-오른쪽으로 흔들며 "누구시더라?" 고 말한 후 1박자는 쉰다.

③ 4박자 : 무릎을 흔드는 동시에 두 발 끝을 들었다 놓고 팔은 앞에서 스냅 세 번 주며 "ㅇㅇㅇ입니다."라고 말한 후 1박자는 쉰다.

④ 4박자 : 자기 손뼉을 한 번 치고, 짝과 서로 오른손은 오른손 바닥끼리 치고, 왼손은 왼손바닥끼리 치며 "그렇습니까?"라고 말한 후 1박자는 쉰다.

⑤ 8박자 : 짝과 오른팔을 끼고 시계가 도는 방향(CW)으로 한 바퀴 돈다.

⑥ 8박자 : 짝과 서로 왼팔을 끼고 시계가 도는 반대 방향(CCW)으로 한 바퀴 돈 후(4박자), 짝과 헤어져 다른 짝을 만난다.

＊이상의 동작을 반복한다.

▶동작 변화

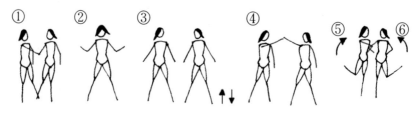

▶**대형** : 2열 원형(Double Circle), Facing LOD(Line Of Dance, 시계 바늘이 도는 반대 방향. 남자 안쪽, 여자 바깥쪽)

▶**음악** : 4/4박자

▶**무용법**

① 4박자 : 남자는 왼발, 여자는 오른발 힐 앤드 토(heel & toe) 한 후 슬라이드 스텝(slide step)한다(LOD).

② 4박자 : 남자는 오른발, 여자는 왼발로 힐 앤드 토한 후 반 LOD로 슬라이드 스텝한다.

③ 8박자 : 짝과 오른손뼉 세 번 치고(1~2), 왼손뼉 세 번 치고 (3~4), 두 손뼉 세 번 치고(5~6), 자기 손뼉을 친 후(7), 각자 오른손을 머리 위로 높이 올리며 "헤이 (Hey)!" 하고 소리 친다(8).

④ 8박자 : 짝과 오른팔을 끼고 시계가 도는 방향(CW)으로 한 바퀴 돈다.

⑤ 8박자 : 짝과 왼팔을 끼고 시계가 도는 반대 방향(CCW)으로 한 바퀴 돈 후(1~4), 새 짝을 만난다(5~8).

＊이상의 동작을 반복한다.

▶**대형 변화**

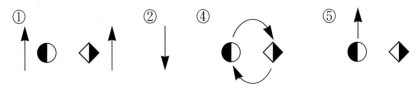

17 빙 빙 돌 아 라 _____

▶**대형** : 3열 원형(Triple Circle)

▶**음악** : 4/4박자

▶**무용법**

① 8박자 : 세 사람이 둥글게 서서 모두 손을 잡고 오른쪽으로 행진한다.

② 8박자 : 이번에는 왼쪽으로 행진한다.

③ 4박자 : 세 사람이 모두 손을 놓고 각자 뒤로 네 걸음 물러선다.

④ 4박자 : 다시 네 걸음 앞으로 나와 세 사람이 손을 잡았던 자리에 선다.

⑤ 4박자 : 각자 손뼉을 네 번 친다.

⑥ 4박자 : 가운데 섰던 사람은 각기 앞에 있는 대열로 걸어가 새로운 짝을 이룬다.

＊이상의 동작을 반복한다.

▶**대형 변화**

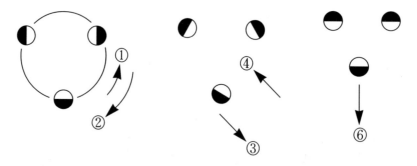

참가자 중 남자가 많을 때는 여자가 가운데 서고, 여자가 많을 때는 남자가 가운데 선다.

▶**대형** : 2열 원형(Double Circle)

▶**음악** : 4/4박자

▶**무용법**

① 16박자 : LOD로 십자 행진한다.

② 16박자 : 반LOD로 십자 행진한다.

③ 8박자 : 서로 쇼티시 스텝(schottische step) 3보에 옆으로 헤어지며(1~3) 손뼉 치고(4), 다시 반대 방향으로 움직여 제자리에 돌아온다(5~8).

④ 8박자 : 남자는 왼발부터 왼쪽으로, 여자는 오른발부터 오른쪽으로 원을 그리며 워킹 스텝(walking step)으로 한 바퀴 돈다(1~8).

⑤ 8박자 : 서로 두 손바닥을 마주 대고 진행 방향으로 쇼티시 스텝하며 나선 그리기를 한 후(1~4) 반대 방향으로 반복한다(5~8).

⑥ 8박자 : 짝과 도시도(Do-Si-Do)를 하며 새 짝과 만난다.

▶동작 변화

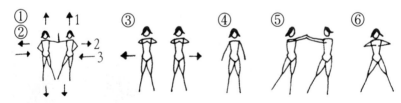

참고

십자 행진은 두 사람이 안쪽 손을 잡고 LOD로 4보 전진한 후(1~4), 짝과 마주 보고 원 내외로 4보 뒷걸음으로 헤어졌다가(5~8) 다시 4보에 앞으로 걸어나와 만나(9~12) 반LOD로 향한 채 4보 뒷걸음 치는 동작을 말한다.

19 구 ㅅ ㅌ ㅏ ㅂ ㅅ ㅅ ㅋ ㅗ ㄹ (Gustav's Skoal)

▶**대형** : 스퀘어 포메이션(Square Formation)

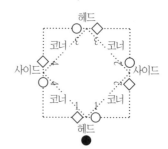

▶**음악** : 4/4박자

▶**무용법**

① 8박자 : 헤드 커플(1조와 3조)은 파트너와 안쪽 손을 잡고 3 스텝(step) 전진하여 가볍게 인사하고 4스텝에 다시 자기 자리로 돌아온다.

② 8박자 : 사이드 커플(2조와 4조)은 ①과 같은 동작을 한다.

③ 16박자 : ①과 ②의 동작을 반복한다.

④ 8박자 : 2조와 4조는 아치(arch, 두 손 잡아 굴)를 만들고 1조와 3조는 스퀘어 가운데로 나가서 1조의 여자는 3조의 남자와, 1조의 남자는 3조의 여자와 손을 잡고 각각 2조와 4조의 아치를 통과하여 자기 자리에 돌아온다.

⑤ 8박자 : 전원 파트너와 손 잡고 CW(시계가 도는 방향)로 한 바퀴 돈다.

⑥ 8박자 : 이번에는 1조와 3조가 아치를 만들고, 2조와 4조가

아치를 통과하여 제자리에 돌아온다.

⑦ 8박자 : ⑤의 동작을 반복한다.

＊이상의 동작을 반복한다.

스웨덴의 민속 음악

20 코로브시카 (Korobushka)

▶**대형** : 2열 원형, 남자가 안쪽에 서서 여자와 마주 보고 두 손을 잡는다.

▶**음악** : 2/4박자

▶**무용법**

① 12박자 : 남자는 왼발, 여자는 오른발부터 원 밖으로 3스텝(step) 나가 홉(hop) 1회 한다.

② 4박자 : 제자리에서 남자 왼발, 여자 오른발부터 홉하면서 앞, 옆으로 포인트(point)하고 마지막에 두 발을 모은다.

③ 8박자 : 손을 놓고 남녀 동시에 서로 오른발부터 오른쪽으로 3스텝 턴(turn)으로 돌아 떨어져서 파트너와 마주 보면서 손뼉을 한 번 친다.

④ 8박자 : 파트너와 오른손을 잡고 전진·후퇴의 밸런스(balance)를 하고 오른발부터 3스텝으로 위치를 교대한다.

⑤ 16박자 : 남자는 원 안을 보고 여자는 원 밖을 본 위치에서 ③과 ④의 동작을 반복하여 제자리로 돌아온다.

＊이상의 내용을 반복한다.

러시아 민요

Ⅱ 주의 집중을 위한 레크리에이션

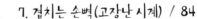

※ 주의 집중을 위한 레크리에이션 찾아보기 표

순서	놀이 이름	프로그램의 선택									
		I	II	III	IV	V	VI	VII	VIII	IX	X
1	깊고도 넓고도(M⁺)	○	△	△	△	×	○	○	◎	△	△
2	주먹으로 두드리고(동작 바꾸기)(MG)	○	△	△	△	△	△	○	◎	○	△
3	두 손으로 손가락 세어 나가기(MG)	○	○	△	×	○	○	○	◎	○	×
4	항상 즐거운 지휘자(MG)	○	○	△	△	○	○	○	◎	○	△
5	쿵쿵 발을 구르자(Skip to My Lou)(MG)	○	○	△	△	△	○	○	◎	○	△
6	즐겁게 노래 불러(MG)	△	△	×	△	○	○	○	◎	○	○
7	겹치는 손뼉(고장난 시계)(G)	○	△	△	×	△	○	○	○	○	△
8	'땅·콩' 사격 재치 놀이(G)	○	○	○	×	○	○	○	○	○	△
9	큰등·작은등, 긴 장대·작은 장대(G)	○	○	○	×	○	○	○	○	○	○
10	예·아니오(G)	○	○	△	△	△	○	○	○	○	○
11	둥둥·빰빠라 밤(G)	○	○	△	△	×	○	○	○	○	△
12	'가자·오랑·스무' 참가자 전원 승부 짓기(G)	○	○	△	×	△	○	○	○	○	○
13	선생님 말씀대로(G)	○	○	△	△	△	○	○	○	○	△
14	자음과 모음을 섞어 문장 만들기(G)	△	○	△	×	△	○	○	○	◎	×
15	의견 일치에 의한 문장 만들기(Jumble Quiz)(G)	△	○	△	△	△	○	◎	○	○	○
16	간단한 팝 퀴즈(Pop Quiz) 대항(G)	△	○	△	△	△	○	◎	○	○	○
17	딩·동·댕 종소리(G)	○	○	○	△	△	○	○	○	○	△

M⁺ : 노래·율동
MG : 노래·게임
G : 게임

I : 돌잔치
II : 약혼식 파티
III : 결혼식 파티
IV : 회갑·칠순·팔순 잔치
V : 은혼식·금혼식 잔치
VI : 동창회 파티
VII : 송년 파티(행사)
VIII : 어린이날 축제
IX : 신입생(신입 회원·사원) 환영 파티
X : 경로 잔치

◎ : 가장 좋음, ○ : 가능함, △ : 응용하면 가능함, × : 불가능함

인 원					장 소				대 형					페이지
●	∞	○	■	▣	≡	○	□	⊍	⊍	∞	○	⊙⊙	⊗	
○	△	○	◎	○	◎	○	○	○	◎	△	○	△	○	78
△	○	○	◎	○	◎	○	○	○	◎	△	○	△	△	79
○	○	○	○	◎	◎	○	○	○	◎	○	○	○	○	80
○	○	○	◎	○	◎	○	○	○	◎	○	○	○	△	81
○	○	○	◎	○	◎	○	○	◎	◎	○	○	○	△	82
×	○	○	○	○	○	○	○	⊍	△	◎	○	○	○	83
×	○	○	○	◎	○	○	○	○	○	◎	○	○	○	84
×	○	○	◎	○	◎	○	○	○	◎	○	○	○	○	85
×	○	○	◎	○	○	○	○	○	◎	○	○	○	○	86
×	○	○	◎	○	◎	○	○	○	◎	○	○	○	○	87
×	○	○	◎	○	○	○	○	○	◎	○	○	○	○	88
×	○	○	◎	◎	◎	○	○	○	◎	○	○	○	○	89
△	○	○	◎	○	◎	○	○	○	◎	○	○	○	○	90
×	○	○	◎	○	○	○	◎	○	○	○	○	◎	○	91
×	△	○	○	◎	△	○	◎	△	△	△	△	◎	○	92
×	△	○	◎	○	△	○	◎	○	△	○	○	◎	○	94
○	○	○	○	○	○	○	○	○	○	○	○	○	○	96

● : 개인
∞ : 2인 1조
○ : 소그룹(15명 이내)
■ : 그룹(20~30명)
▣ : 매스(50명 이상)

≡ : 고정된 의자
○ : 이동 가능한 의자
□ : 식탁
⊍ : 무대

⊍ : 진행자를 향한 대형
∞ : 둘이 마주 본 대형
○ : 원형
⊙⊙ : 팀 대형
⊗ : 섞임 또는 분산형

 깊 고 도 넓 고 도

참가자들 모두 노래와 동작을 익힌다.

미국 노래

깊 고 도 넓 고 도깊고 넓은샘물흐르 네   깊 고 도 넓 고 도깊고 넓은샘물흐르 네

· **깊고도(깊고)** : 두 팔을 위 아래로 길게 진행되는 동작으로 펼친다.

· **넓고도(넓은)** : 두 팔을 옆으로 넓게 진행되는 동작으로 펼친다. 동작은 진행되는(움직이는) 형태로 크게 할수록 바람직하다.

· **샘물 흐르네** : 두 팔을 가슴 앞에서 앞으로 쭉 펼쳐 왼쪽으로부터 오른쪽으로 흐르며 피아노를 치는 것과 같은 동작을 펼친다.

노래와 율동을 즐기는데 '샘물 흐르네'의 노랫말 대신에 '어버이 사랑' 또는 '선생님 사랑' 등으로 2절, 3절을 만들어 노래를 잇는 것도 좋다.

▲ '어버이 사랑'   ▲ '선생님 사랑'

참 고

가족 모임인 경우 '샘물 흐르네' 대신에 옆 사람 모두 손에 손을 잡고 흔들며 '가족들 사랑'으로 노래해도 좋겠다.

레크리에이션 프로그램으로 노래와 율동은 따라하는 개념보다는 자기답게 '자기 표현의 기회'를 즐기는 데 그 뜻이 있다.

주먹으로 두드리고 (동작 바꾸기) 2

다음의 노래를 동작과 함께 한다.

박창영 작사
박창영 작곡

주먹으로 두드리고 손 - 으로 쓰다듬고

누가누가 잘 - 하나 빨리해 보 자

왼손으로는 주먹을 쥐고 무릎을 두드리고, 오른손 손바닥으로는 머리를 쓰다듬어 가며 노래한다.

노래를 다시 계속하며 진행자가 "바꾸세요!" 하면 이번에는 오른손으로 주먹을 쥐고 무릎을 두드리고, 왼손 손바닥으로는 머리를 쓰다듬어 가며 노래한다.

계속해서 노래를 점점 더 빨리 해가며 진행자의 "바꾸세요!"라는 신호에 따라 두 손의 역할을 바꾸다 보면 즐거운 분위기를 체험하게 된다.

참고

두드리고 쓰다듬는 위치도 바꾸어 보면 더욱 재미있다. 오른손과 왼손 위치의 사이가 멀면 멀수록 참가자들이 동작하기가 어려워지는 점을 이용하여 게임의 흐름과 난이도를 선택하여 진행하면 효과적이다.

3 두 손으로 손가락 세어 나가기

먼저 오른손을 들어 손가락을 편 후 엄지손가락을 미리 접어 놓고 둘째 손가락부터 접어 하나, 둘, 셋 하면서 열까지 세어 본다.

열을 다 세었을 때는 엄지손가락이 접힌 채로 끝나게 된다.

이제 왼손의 손가락은 모두 다 펴 놓고(물론 오른손은 엄지손가락을 미리 접어 놓은 상태에서) 두 손 다 제각기 열까지 세어 나간다.

▲ 놀이를 시작하기 전의 왼손과 오른손

▲ 하나를 시작하였을 때의 왼손과 오른손

항상 오른손은 세는 숫자보다 하나를 먼저 접은 동작이 된다.

틀리지 않고 두 손 모두 열까지 다 세면 성공이다.

참가자들 중에 성공하는 사람이 많을 때에는 다 같이 '꿀밤 나무 밑에서'를 노래하며 노래의 박자에 맞추어 손가락을 세어도 재미있다.

꿀밤나무 밑에서

영국·미국 놀이 노래

커 다란꿀 밤 나무밑에서 그 대 하 고 나 하 고

정 다 웁 게 애기합시다 커 다란꿀 밤 나무밑에서

함께 노래를 부르며 오른손, 왼손을 이용하여 제각기 다른 박자를 지휘하는 게임이다.

먼저 '항상 즐거워(Happy on My Way)'를 노래한다.

항상 즐거워(Happy on My Way)

박창영 역사
미국 노래

Hap - py on my way   Hap - py on my way
항 상 즐 거 워   항 상 즐 거 워

la, la, la, la,   la, la, la, la,   Hap - py on my   way
라 라 라 라   라 라 라 라   항 상 즐 거   워

다시 노래할 때는 오른손을 들어 '4박자 지휘'를 하며 노래한다.

이번에는 왼손을 들어 '2박자 지휘'를 하며 노래한다. 이제는 노래에 맞춰 오른손으로는 4박자 지휘를, 왼손으로는 2박자 지휘를 동시에 실시한다.

노래를 부르며 두 손 모두 다른 동작을 해보면, 동작이 잘 이루어지지 않아 자연스럽게 웃음이 나오게 된다.

참고

사람들은 일상 생활에서 잘 해보지 않는 동작을 취할 때 즐거움은 물론 본능적으로 웃음이 유발된다.

5 쿵쿵 발을 구르자 (Skip to My Lou)

먼저 노래를 부른다.

박창영 개사
미 국 노래

Skip, Skip, Skip to my Lou, Skip, Skip, Skip to my Lou
쿵 쿵 발을구르자 쿵 쿵 발을구르자

Skip, Skip, Skip to my Lou, Skip to my Lou my darling
쿵 쿵 발을구르자 신 - 나게발 구 르 자

이제 노래할 때에는 (♩는 박자에 맞춰 동작한다)와 같은 형식으로 동작을 해나간다.

1절에서는 발을 구르며 노래한다.

2절에서는 발을 구르고 동시에 손뼉도 치는 두 동작을 같이 하며 노래한다.

3절에서는 발을 구르고, 손뼉도 치고, 고개도 좌우로 돌리며 세 동작을 동시에 실시하며 노래한다.

4절에서는 발을 구르고, 손뼉도 치고, 고개도 좌우로 돌리며 어깨도 위아래로 번갈아 흔들어 가며, 즉 네 동작을 동시에 실시하며 노래한다.

노래를 계속하며 동작이 더해질 때마다 즐거움을 더욱 크게 체험할 수 있는 게임이다.

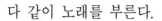

즐겁게 노래 불러 6

다 같이 노래를 부른다.

박창영 개사
미 국 노래

즐겁 게 즐겁게 즐겁 게 즐거웁 게 노 래 불러 즐겁

게 즐겁게 즐겁 게 즐거웁 게 노 래 불러

노 래 불러 즐거웁게 노 래 불러 즐거웁 게

노 래 불러 즐거웁 게 노 래 불러

참가자 두 사람씩 짝을 지어 가위바위보를 하여 그 승부에 따라 한 사람은 '즐겁게' 편으로, 다른 한 사람은 '노래 불러' 편으로 정한다.

이제 게임을 위하여 노래가 시작되면 노랫말 중에 '즐겁게'가 나올 때에는 '즐겁게' 편은 모두 자리에서 일어나 노래와 함께 손뼉을 치거나 춤을 추는 등 즐거운 기분과 감정을 표현해야 하며 노랫말 중에 '노래 불러'가 나올 때에는 '노래 불러' 편이 일어나서 보다 유쾌한 자기 표현을 해야 한다.

참고

정해진 노랫말과 역할에 따라 자기 표현의 만족감을 즐기고 전체적으로는 주의를 집중시키며 분위기를 고조시킬 수 있는 게임이다.

참가자들 모두 손뼉을 한 번 치도록 한다.

진행자는 참가자들에게 잘 보이는 위치에 서서 왼손은 어깨 위에서 아래로, 오른손은 허리쯤에서부터 위로 두 손이 가슴 앞을 지나도록 한다.

참가자들은 진행자의 두 손이 가슴 앞에서 같은 높이에 놓일 때 앞서 연습한 손뼉을 "짝!" 하고 쳐야 한다.

진행자의 손이 위아래로 여러 번 지나치며 손뼉을 치다 보면 진행자의 두 손이 같은 높이를 지나지 않고 도중에 정지되어도 참가자들은 진행자의 손이 움직이는 줄 알고 손뼉을 치게 된다.

이렇게 게임은 본래 규칙에서 벗어나 틀리게 되었을 때 참가자들은 웃게 마련이다.

참고

진행자의 두 손이 같은 높이에서 계속 머무를 때 참가자들은 계속해서 손뼉을 치도록 한다.

단순한 규칙에 의해 게임을 진행하다가 상황에 따라 진행자는 참가자들에게 계속 손뼉을 치도록 하면서 "오늘은 새로운 얼굴들도 만나 서로 인사를 나누고, 사귀고, …… 참 좋은 날입니다!"와 같이 모두 뜻 있는 손뼉을 치며 즐기도록 게임을 운영할 수 있다.

'땅·콩' 사격 재치 놀이 8

참가자들은 진행자를 중심으로 모여 앉는다.

게임을 위하여 사격 연습을 다 같이 해본다.

모두 오른손을 가슴 앞에 내고 엄지손가락과 검지손가락을 세워 총 모양을 갖춘 후 "땅!" 하고 소리 내며 사격한다. 같은 동작으로 소리만 바꾸어 "콩!" 하고 소리 내며 사격한다.

게임을 시작하면 다 같이 사격 동작을 갖춘 후 진행자가 참가자들에게 "땅!" 하고 사격하면, 참가자들은 즉시 "콩!" 하고 반격을 해야 한다.

진행자가 "땅땅!" 하고 사격하면 참가자들은 "콩콩!" 하고 반격해야 하며, 진행자가 "땅콩땅콩!" 하고 사격하면 참가자들은 "콩땅콩땅!" 하고 반격한다.

진행자의 공격이 속도를 빨리 해가며 길게 공격하게 되면 자연히 참가자들은 틀리게 마련이고 웃음을 자아내게 될 것이다.

참고

두 사람씩 짝을 지어 가위바위보 승부에 따라 공격과 수비를 정하고 게임을 진행하는 것도 좋은 방법이다. 이때에는 항상 짝의 시선을 잘 보고 공격하는 소리나 동작, 반격하는 소리나 동작의 모양과 억양을 잘 맞추어 가면 더욱 재미를 느끼게 될 것이다.

9 큰 등·작은 등, 긴 장대·작은 장대

진행자가 "큰 등!" 하면서 두 손을 양 옆으로 넓게 펼치면, 참가자들은 "작은 등!" 하면서 두 손의 간격을 좁힌 손의 모양을 만든다.

▲큰등   ▲작은등

진행자가 "작은 등!" 하며 두 손의 간격을 좁힌 손 모양을 만들면 참가자들은 빨리 두 손을 양 옆으로 넓게 펼치면서 "큰 등!" 해야 한다.

또 진행자가 "긴 장대!" 하고 소리 치며 두 팔을 위아래로 길게 넓히면, 참가자들은 모두 두 팔의 사이를 좁히면서 "작은 장대!" 하고 소리 친다.

▲긴 장대   ▲작은 장대

그 반대로 진행자가 "작은 장대!" 하고 소리 치며 위아래의 간격을 좁히면, 참가자들은 모두 두 팔을 위아래로 길게 넓히면서 "긴 장대!" 하고 소리 친다.

이와 같은 게임의 규칙을 응용하여 '큰 등·작은 등', '긴 장대·작은 장대' 또는 '큰 등·작은 장대', '작은 장대·큰 등·긴 장대' 등 진행자가 제시하는 다양한 문제에 참가자들은 반대 동작과 소리로 반응하면서 즐기게 된다.

참고

게임의 원형(原型)만을 고집하지 말고, 흥미와 관심에 따라 '넓은 도로·좁은 도로', '기차·버스' 등과 '높은 빌딩·낮은 빌딩' 등 여러 모양으로 변화를 주어 진행하는 것도 좋겠다.

진행자의 묻는 말에 참가자들이 "예!" 하고 대답할 때는 고개를 좌우로 흔들면서 동작은 "아니오!"와 같이, 또 진행자의 묻는 말에 참가자들이 "아니오!"라고 대답할 때에는 고개를 끄덕이며 동작은 "예!"와 같이 반응해야 하는 게임이다.

진행자가 참가자 모두에게 "안녕하세요?" 하면 참가자 모두는 "예!" 하고 고개는 좌우로 살래살래 흔든다.

진행자는 참가자들의 연령·직업·흥미·욕구 등에 따라 재치있는 질문으로 즐거움을 이끌어 나간다.

어린이들의 경우 "기차를 타고 바다를 건널 수 있을까요?"

청년들의 경우 "사랑하는 사람이 있지요?"

어른들의 경우 "가족들을 사랑하세요?" …….

참고

참가자들은 대답에 따른 동작을 반대로 해야 하는 규칙 때문에 혼동을 일으켜 즐거움을 체험하게 된다.

진행자의 질문 내용이 참가자들의 기분과 감정에 맞춰질 때 더욱 즐겁다는 것을 잊지 말고 진행하도록 한다.

또 상황에 따라서는 참가자 두 사람씩 마주 앉아서 서로 간에 스스로 즐기도록 기회를 제공하는 것도 좋은 방법이다.

11 둥둥·빰빠라 밤

진행자는 먼저 북을 치는 소리와 동작으로 '둥둥'이나 나팔을 부는 소리와 동작으로 '빰빠라 밤'을 참가자들이 잘 따라할 수 있도록 때로는 어렵게도 연습한다.

진행자가 "둥둥" 소리를 내며 두 손으로 북을 치듯이 무릎을 치면, 참가자들은 "빰빠라 밤" 소리를 내며 나팔을 불듯이 두 손을 입가에 가져가 진행자의 소리와 동작을 다른 악기로 즉시 반응해야 한다.

진행자가 "둥·둥·둥·둥" 하면서 북소리와 북치는 동작을 하면 참가자들은 "빰빠라 밤·빰빠라 밤·빰빠라 밤·빰빠라 밤" 하고 나팔 소리와 나팔 부는 동작으로 반응해야 하는 것이다.

또 진행자가 "빰빠라 밤·빰빠라 밤·둥·둥" 하면, 참가자들은 "둥·둥·빰빠라 밤·빰빠라 밤" 해야 한다.

참고

진행자는 분위기가 무르익을 때까지 참가자들이 쉽게 따라할 수 있도록 유도하다가 악기를 바꾸는 동작과 소리를 빨리 한다든지, 자주 악기를 바꾸게 되면 참가자들은 그때부터 혼란을 일으키게 되어 생기 찬 기쁨과 즐거움을 체험하게 된다.

'가 자·오 랑·스 무' 참가자 전원 승부 짓기 *12*

인도네시아의 전통 민속 놀이를 응용한 게임이다.

'가자'란 말은 '코끼리'를 뜻하며 그 동작은 엄지 손가락만 펴서 내민다. '오랑'은 '사람'을 뜻하며 집게손가락만 펴서 내밀고, '스무'는 '개미'를 뜻하 며 새끼손가락만 펴서 동작을 만든다.

▲ 가자(코끼리)

게임의 원형(原型)은 두 사람이 짝을 지어 '수이' 란 맞춤 소리를 내며 동작을 동시에 내놓으면 그 결과 승부 판정은 다음과 같이 한다.

▲ 오랑(사람)

'가자'와 '오랑'이 나오면 '가자'가 이기고, '오 랑'과 '스무'가 나오면 '오랑'이 이기며, '스무'와 '가자'가 나오면 '스무'가 이긴다.

▲ 스무(개미)

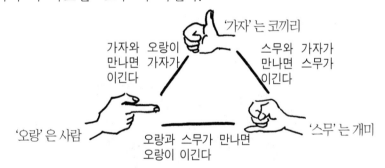

'가자'는 코끼리

가자와 오랑이 만나면 가자가 이긴다

스무와 가자가 만나면 스무가 이긴다

'오랑'은 사람

오랑과 스무가 만나면 오랑이 이긴다

'스무'는 개미

게임의 동작과 맞춤 소리, 그리고 승부 판정 방법을 모두 익히고 나 면 다 같이 자리에서 일어나서 진행자와 대항하여 승부 짓기를 한다.

참가자들은 진행자와 소리를 맞추어 '수이' 하고 어떤 동작이든 내어 놓는다. 이때 진행자와 비겼거나 진행자에게 이긴 사람은 그 대로 서 있고 진 사람들은 자리에 앉는다.

계속 진행자와 참가자 전원 '가자·오랑·스무' 승부 짓기를 진행 하여 끝까지 남은 사람에게는 축하와 함께 준비한 상품을 전달한다.

13 선생님 말씀대로

진행자가 참가자들에게 '선생님 말씀대로~'로 시작하여 요구하는 동작을 그대로 따라해야 되는 규칙을 이용하는 게임이다.

진행자가 "선생님 말씀대로 모두 오른손을 위로 올려 주세요!"하면 참가자들은 재빨리 오른손을 높이 들어야 한다.

그러나 "오른손을 흔들어 주세요!"할 때 오른손을 흔들면 틀리게 된다.

다시 "선생님 말씀대로 오른손을 흔들어 주세요!"하면 참가자들은 오른손을 흔들어야 하지만, "그만!" 했을 때 참가자들 중에 오른손을 흔드는 동작을 그치면 틀리게 된다.

또 진행자가 "지금 참가하신 게임에서 한 번도 틀리지 않은 사람은 손들어 보세요!"라고 했을 때, 참가자 중에 손을 드는 사람은 틀리게 된다.

참고

진행자는 참가자들이 좋은 기분과 감정 상태에서 자주 틀리게 함으로 해서 웃을 수 있는 기회를 만들어 주되, 결코 틀린 그 자체가 흉이 된다든가 놀림의 대상이 되지 않도록 유의하여 즐거움을 나누게 해야 할 것이다.

자음과 모음을 섞어 문장 만들기 14

 진행자가 게임 참가자들에게 보여 주는 종이에는 우리말의 자음과 모음이 나누어져 질서 없이 섞여 있다.

 게임 참가자들은 그 자음과 모음이 질서를 찾아 모이면 어떤 문장이 되는지를 맞추어야 하는 것이다.

 진행자가 들고 있는 종이에 보면 'ㅇ'에는 ㅁ칸이 그어져 'ⓞ'와 같이 표기되어 있다. 이것은 자음과 모음이 질서를 찾아 모일 때 시작되는 말이라는 힌트이다.

 결국 종이의 내용을 풀어 보면 'ㅇ'과 'ㅜ'가 만나 '우', 'ㄹ'과 'ㅣ'가 만나 '리', 'ㄴ'과 'ㅡ', 그리고 'ㄴ'이 만나 '는', 'ㅎ'과 'ㅏ'가 만나 '하', 'ㄴ'과 'ㅏ'가 만나 '나', 그러니까 질서를 찾은 문장은 '우리는 하나'가 되는 것이다.

 진행자는 게임 참가자들 모임의 성격, 기호, 흥미 등에 따라 적절한 문제를 미리 준비하여 즐거운 분위기 속에서도 뜻 있는 감동이나 기쁨을 줄 수 있도록 게임을 기획하고 준비하여 진행하도록 한다.

15 의견일치에의한문장만들기 (Jumble Quiz)

파티의 좌석 구성은 8~10명 단위의 원형 탁자가 일반적이다.

식사를 중심으로 놓여진 탁자 배치는 간혹 레크리에이션 진행자를 당황하게 할 때가 있다.

산만한 분위기, 식사 시간의 개별적인 차이에 따라 무언가는 진행을 해야 할 때 이 게임을 활용해 보도록 하자.

먼저 탁자별로 개인 문제지를 한 장씩 나누어 준다.

참가자들에게 게임의 이해를 돕는 다음과 같은 설명은 필요하다.

① 이 문제는 정답이 따로 정해져 있지 않고 탁자마다 문제가 같다.

② 탁자별로 참가자들 상호 간의 협력을 통해 재미있게 단어나 문장을 만들면 된다.

Jumble Quiz
팀 이름 :
1. ○기○○사○
2. ○○기○조○
3. ○○다○환○
4. ○○문○○재○○
5. ○리○○○족
6. ○○스○○
7. ○○모○한○○
8. ○연○더○○
9. ○기○○사○
10. ○○와○○발○○선○

③ 먼저 게임 종이에 팀 이름과 참가자 전원의 이름을 기록하고 단어나 문장을 만들어 나간다.

④ 번호별로 10개의 문제는 관계가 없는 각기 다른 문제이며 식사 후 평가에 의해 성적이 좋은 팀은 상품을 준다.

게임 참가자들은 식사를 하며 사이사이에 퀴즈를 풀어 식사를 끝낼 때엔 게임 종이를 진행자에게 제출한다.

진행자는 탁자별 답안지를 모두 모아 그 내용을 참가자들에게 소개해 가며 가장 재미있는 내용, 모임의 주제와 뜻이 잘 어울리는 내용들은 점수를 더해 준다.

내용이 초점을 잃었거나 수준에 못 미치는 것, 그리고 답안을 만들지 못한 것은 감점을 할 수도 있다.

평가가 모두 끝나고 나면 성적이 우수한 팀을 가려 시상을 할 수 있다.

정답이 따로 없지만 문제를 만들어서 구상했던 문장을 소개해 보면 그 내용은 다음과 같다.
1. 슬기로운 사람
2. 분위기의 조성
3. 아름다운 환경
4. 전통 문화의 재창조
5. 우리는 한 가족
6. 오케스트라
7. 우리 모두 한 마음
8. 자연과 더불어
9. 살기 좋은 사회
10. 국가와 사회 발전의 선봉

※게임 참가자들은 우스꽝스럽거나 저질적인 표현을 통해서 웃기는 하지만 진정한 레크리에이션의 즐거움과 보람은 뜻 있고 감동적인 표현에서 얻어지기 때문에 진행자는 뜻 있고 감동적인 표현을 할 수 있도록 유도하는 것이 바람직하다.

파티에 있어 좌석 구성은 원형 탁자에 8~10명이 앉는 것이 일반적이다.

진행자는 문제가 적혀 있는 종이를 각 탁자에 나누어 주고 참가자들간에 서로 협력하여 문제를 풀도록 한다.

문제의 예를 들면,

1) 다음 7장의 카드를 한 장씩 사용하여 등식 만들기

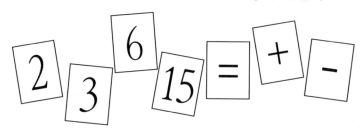

2) 다음 내용을 풀어 보면 어떤 문장이 될까?

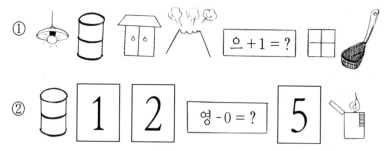

3) 다음의 자모나 숫자로 사람 얼굴 모양 그리기

① ㅇ, ㄱ, ㄴ, ㄷ, ㅇ

② ㅇ, ㅅ, ㄷ, ㄴ, ㅇ, ㅁ

③ ㅁ, ㅅ, ㅇ, ㄴ, ㅁ, ㅂ

④ ㅁ, ㅓ, ㅌ, ㅁ

⑤ 0, 2, 3, 8, 9

⑥ 3, 4, 6, 7, 8

탁자별로 다 완성된 답안은 진행자가 모아서 참가자 전원이 볼 수 있도록 공개적인 상황에서 평가하고 성적이 우수한 탁자의 참가자들에게는 시상을 하도록 한다.

예로 제시한 문제의 답안을 소개하면,
1) 7장의 카드를 사용한 등식

2) 문장 찾기
① 전통 문화의 재창조
② 통일이여 오라

3) 사람 얼굴 그리기

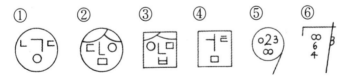

참고
식사를 중심으로 배치되어 있는 탁자와 많은 참가자들의 분위기는 간혹 레크리에이션 진행자를 당황하게 하는 수가 있다. 이럴 때 진행자는 침착하게 '팝 퀴즈' 와 같은 게임을 준비했다가 활용해 보도록 한다.

17 딩·동·댕 종소리

진행자가 "딩!" 하고 오른팔을 들고 종소리를 내면 참가자들은 "동!" 하고 왼팔을 들고 종소리를 내도록 연습한다.

진행자가 "동!" 하고 왼팔을 들고 종소리를 내면 참가자들은 "딩!" 하고 오른팔을 들고 종소리를 내도록 연습한다.

진행자가 "댕!" 하고 두 팔을 들어 흔들면서 종소리를 내면 참가자들은 모두 힘찬 박수를 치며 "와!" 하고 함성을 지르도록 한다.

진행자는 "딩! ～～～, 동! ～～～, 딩딩!!, 동동!!, 댕! ～～～" 하는 식으로 참가자들의 동작과 종소리, 그리고 박수와 함성을 이끌어 내면서 주의를 집중시키도록 한다.

게임에 익숙해지면 "댕!" 하는 종소리에서의 함성을 응용하여 그 날의 주제에 따라 "한 해 동안 수고 많으셨습니다!" 또는 "오래오래 사세요!" 등으로 뜻 있는 함성으로 게임을 종결 짓도록 하는 것도 좋다.

Ⅲ 짝(파트너)과 즐기는 레크리에이션

※ 짝(파트너)과 즐기는 레크리에이션 찾아보기 표

순서	놀이 이름	프로그램의 선택									
		I	II	III	IV	V	VI	VII	VIII	IX	X
1	'돌·새·물' 승부 내기(EG)	○	○	○	△	△	○	◎	○	○	△
2	실뜨기를 해보자(TG)	○	○	△	○	○	○	○	◎	○	△
3	손가락으로 끈 당기기(TG)	○	○	○	○	△	△	○	○	○	△
4	높이 쌓기(TG)	○	○	○	△	△	○	○	◎	○	○
5	콩 집어 물컵에 담기(TG)	○	○	○	△	○	○	○	◎	○	○
6	거울 보고 뒤로 던지기(TG)	○	○	○	○	○	○	○	◎	○	○
7	사자·사슴(EG)	○	○	○	△	△	△	◎	○	○	△
8	어흥·땅·에헴(동작 승부 놀이)(EG)	○	○	○	○	○	○	○	◎	○	○
9	등진 사람과 얼굴 마주하기(EG)	○	○	○	○	○	○	◎	○	○	○
10	손수건으로 손목 묶기(TG)	○	○	○	△	△	○	○	◎	○	○
11	두 사람이 사과 깎아 먹기(TG)	○	○	○	○	○	○	○	◎	○	○
12	실에 달린 과자 먹기(TG)	○	○	△	○	○	◎	○	○	○	○
13	과자 먹고 휘파람 불기(TG)	○	○	○	○	○	◎	○	○	○	△
14	발 밟기(PG)	○	○	△	△	△	○	○	◎	○	○
15	도깨비 손으로 대항하는 권투(TG)	△	△	△	△	△	△	○	○	○	○
16	징검다리 밟기(TG)	△	△	△	△	△	△	○	○	○	○
17	징글 벨·벨 징글(EG)	○	○	○	△	△	○	◎	○	○	○
18	물어 보자(PG)	○	○	○	△	△	○	○	○	○	○
19	숨긴 손가락 찾아내기(EG)	○	○	○	△	△	○	○	○	○	△

EG : 요령이 필요한 게임
TG : 도구를 사용하는 게임
PG : 신체적인 게임

I : 돌잔치
II : 약혼식 파티
III : 결혼식 파티
IV : 회갑·칠순·팔순 잔치
V : 은혼식·금혼식 잔치
VI : 동창회 파티
VII : 송년 파티(행사)
VIII : 어린이날 축제
IX : 신입생(신입 회원·사원) 환영 파티
X : 경로 잔치

◎ : 가장 좋음, ○ : 가능함, △ : 응용하면 가능함, × : 불가능함

Ⅲ 짝(파트너)과 즐기는 레크리에이션

인 원					장 소				대 형					페이지
●	∞	○	■	▣	≡	○	□	⩗	⩗	∞	○	⊙⊙	⊗	
×	○	○	◎	○	○	○	○	◎	○	◎	○	○	○	100
×	◎	○	○	○	○	○	◎	○	○	◎	○	○	○	101
×	◎	○	○	○	○	○	○	○	○	◎	○	○	○	102
△	○	◎	○	○	△	○	◎	○	○	◎	○	○	○	103
○	○	◎	○	○	△	○	○	○	○	◎	○	○	○	104
○	◎	○	○	○	×	○	◎	○	×	○	○	◎	○	105
×	○	○	◎	○	○	◎	○	○	×	◎	○	○	○	106
×	○	○	◎	○	○	○	○	◎	○	○	○	◎	○	107
×	○	○	◎	○	○	◎	○	○	○	◎	○	○	○	108
×	◎	○	○	○	○	◎	○	○	○	◎	○	○	○	109
×	○	○	○	○	○	○	◎	○	○	○	○	◎	○	110
×	△	○	◎	○	△	○	○	◎	○	○	○	◎	○	111
○	○	○	○	○	○	○	○	◎	○	○	○	◎	○	112
×	◎	○	○	○	×	○	×	○	×	◎	○	○	○	113
×	○	○	○	○	×	○	×	◎	×	○	○	○	○	114
×	○	○	◎	○	×	○	×	○	×	○	○	◎	○	115
×	○	○	○	△	○	○	○	○	○	○	○	△	○	116
×	○	○	○	△	○	○	○	○	○	○	○	△	○	117
×	○	○	○	△	○	○	○	○	○	○	○	△	○	118

● : 개인
∞ : 2인 1조
○ : 소그룹(15명 이내)
■ : 그룹(20~30명)
▣ : 매스(50명 이상)

≡ : 고정된 의자
○ : 이동 가능한 의자
□ : 식탁
⩗ : 무대

⩗ : 진행자를 향한 대형
∞ : 둘이 마주 본 대형
○ : 원형
⊙⊙ : 팀 대형
⊗ : 섞임 또는 분산형

1 '돌·새·물' 승부 내기

남·녀 또는 두 사람씩 짝을 이루어 자리에 앉거나 서서 즐기는 게임이다.

'돌'을 표현할 때는 주먹을 쥔 모양으로, '새'를 표현할 때는 손을 가볍게 펴고 손등이 위로 간 모양으로, '물'을 표현할 때는 손을 완전히 펴고 손바닥이 위로 간 모양을 만든다.

▲ 돌   ▲ 새   ▲ 물

두 사람은 진행자의 '시작!' 신호에 따라 "자무자무수이" 하면서 각자 자기가 내고 싶은 동작을 맞춤 소리에 맞추어 내어 놓는다.

동시에 동작이 만나 같은 동작이 나오면 무승부이지만 '돌'과 '새'가 만나면 '돌'이 이기고, '새'와 '물'이 만나면 '새'가 이기며, '물'과 '돌'이 만나면 '물'이 이긴 것으로 승부를 판정한다.

새가 돌에 맞으면 새가 떨어지므로 돌이 이긴다

돌이 물에 떨어지면 잠기거나 부서지므로 물이 이긴다

새는 물을 먹을 수 있으므로 새가 이긴다

게임을 3~5회쯤 계속해서 보다 많이 이긴 사람이 승리한 것으로 판정한다.

이 게임은 싱가포르의 전통적인 승부 내기 놀이로 우리 나라의 가위바위보와 같은 도입 놀이로 널리 알려져 있다.

남·녀 또는 두 사람씩 짝을 이루어 즐기는 게임이다.

게임을 위하여 실을 하나씩 준비하여 두 사람이 마주 보고 자리에 앉는다.

두 사람은 가위바위보를 하여 이긴 사람이 그 실을 손등에 끼워 팽팽하게 당긴다.

계속하여 팽팽해진 실을 두 손바닥에 감아 가운뎃손가락으로 반대 손에 감긴 실을 각각 당겨서 2개의 X자형을 만든다.

이제는 서로 실을 주고받으며 즐기는데 2개로 만들어진 X자형을 받을 때 실 사이에 손가락을 넣은 다음 안으로 또는 밖으로 뒤집어서 여러 가지 다른 모양을 연출할 수 있다.

게임 분위기를 위하여 다 같이 '실뜨기를 해보자' 노래를 부른 후에 게임에 들어간다.

박창영 작사
박창영 작곡

실 뜨기 를 해 보 자   짝 지 어   앉 아 서

손 가락 에 실 감 고   실 뜨 기   해 보 자

참 고

이 게임은 승부가 꼭 필요한 게임은 아니다. 그러나 구태여 승부를 가린다면 앞서 이미 만들었던 동작이 다시 나오든가, 실을 받는 과정에서 실이 풀어지면 상대편이 이긴 것으로 판정할 수 있다.

3 손가락으로 끈 당기기

남·녀 또는 두 사람씩 짝을 이루어 자리에 앉아서 즐기는 게임이다.

직경 30~40㎝ 정도의 끈을 준비하여 자리에 마주 보고 앉는다.

두 사람은 각자 자신의 두 손의 집게손가락을 모아 끈의 끝을 고정시킨다.

진행자의 '시작!' 신호에 따라 줄을 자기편으로 잡아당긴다.

줄을 손가락에서 놓치거나 상대방의 가슴 앞에까지 줄을 빼앗기면 상대방의 승리가 된다.

게임을 3~5회쯤 계속해서 보다 많이 이긴 사람이 승리한 것으로 판정한다.

참고

게임을 위하여 30~40㎝ 정도의 끈을 갑자기 준비하기 어려울 때는 손수건이나 연필, 볼펜, 또는 얇은 책자 등으로 게임 도구를 바꾸어 진행할 수도 있겠다.

남·녀 또는 두 사람씩 짝을 이루어 즐기는 게임이다.

게임을 위하여 나무 토막이나 장기알, 그리고 나무젓가락이나 볼펜 등을 준비한다.

진행자의 '시작!' 신호가 울리면 참가자들은 자신에게 주어진 도구를 이용하여 보다 높이 쌓도록 한다.

승부를 짓는 방법은,

1) 주어진 도구를 끝까지 먼저 다 쌓도록 하는 방법.

2) 어느 한쪽이 쌓다가 무너뜨리면 상대편이 이긴 것으로 하는 방법.

3) 일정한 제한 시간(1~2분)을 정해 놓고 그 시간 안에 높이 쌓은 사람이 이긴 것으로 판정하는 방법.

참 고

이 게임은 두 사람이 파트너 대항으로 참가하도록 진행하는 방법, 또는 두 사람씩 한 팀이 되어 다른 팀과 대항하여 진행하는 방법을 생각해 볼 수 있다.

5 콩 집어 물컵에 담기

　남·녀 또는 두 사람씩 짝을 이루어 남·녀 파트너 사이에 또는 6~10명 단위의 3~4개 팀을 구성하여 팀 대항으로 즐길 수 있는 게임이다.

　게임을 위하여 나무젓가락, 종이 접시, 물컵, 그리고 콩을 참가자 인원수에 따라 적당히 준비한다.

　간단한 노래(1분에서 1분 30초 정도의 시간 안에 끝나는 동요가 좋다)를 한 곡 정하여 노래하면서 노래가 끝나기 전에 종이 접시에 담겨 있는 콩을 나무젓가락으로 집어 물컵에 보다 많이 담아야 하는 것이다.

　노래가 끝나고 나면 물컵에 담긴 콩의 숫자를 계산하여 보다 많은 콩을 물컵에 담은 사람이 이긴 것으로 판정한다.

참고

　게임 분위기에 따라 나무젓가락은 숟가락이나 로봇 손 등으로 바꾸고, 콩도 바둑알이나 조약돌, 대추, 사탕, 과자 등 다른 내용물을 사용할 수도 있다.

　노래 부르기가 어려울 때는 배경 음악(BGM : Back Ground Music)을 준비하여 활용할 수도 있다.

거울 보고 뒤로 던지기 6

남·녀 또는 두 사람씩 짝을 이루어 각자 등뒤 2m 정도의 거리에 빈 상자를 놓고 앉는다.

게임을 위하여 손거울 2개, 빈 상자 2개, 종이 뭉치(종이에 싼 사탕도 좋다) 20개, 그리고 성냥 1갑을 준비한다.

진행자의 '시작!' 신호에 따라 각자 10개씩의 종이 뭉치를 거울을 보며 뒤로 던져 자기 소유의 빈 상자에 넣는다. 절대로 고개를 돌려 뒤를 쳐다본다든지 허리나 머리를 등뒤로 구부릴 수 없다.

진행자는 게임 참가자가 종이 뭉치를 뒤로 던질 때마다 빈 상자에 들어갔는지를 말해 주고, 들어갔을 경우에는 성냥개비로 득점을 계산한다. 잘못 던져서 상대편의 상자에 들어가면 그것은 상대의 득점으로 간주한다.

10개의 종이 뭉치를 던져 보다 많이 득점한 사람이 이긴다.

참가 인원이 많지 않을 때는 상황에 따라 토너먼트로 챔피언을 가리는 것도 재미있다.

III 짝〈파트너〉과 즐기는 레크리에이션

7 사자·사슴

남·녀 두 사람이 짝을 이루어 남자의 별명은 '사자'로, 여자의 별명은 '사슴'으로 정한다.

두 사람의 짝이 남·녀가 아닐 때는 가위바위보로 한 사람은 '사자', 다른 한 사람은 '사슴'으로 정할 수도 있다.

게임을 진행하기 위하여 진행자가 "준비!" 하고 외치면 각자 두 손을 손바닥이 보이도록 펴 가슴 앞으로 가져간다.

진행자가 "사자!" 하고 외치면 '사자' 별명을 가진 사람은 '사슴'의 두 손바닥을 쳐야 이긴다. 이때 '사자'가 '사슴'의 손바닥을 때리지 못하고 '사슴'이 먼저 피해 버리면 오히려 '사슴'의 승리가 되는 것이다.

자기 별명이 불리면 상대 손바닥을 때려야 이기고, 상대 별명이 불리면 재빨리 피하여 상대에게 손바닥을 맞지 않아야 이긴다.

두 사람이 대항하는 대부분의 게임이 그렇듯이 세 번쯤 게임을 실시하여 두 번 이상 이긴 사람이 승리한 것으로 판정한다.

짝(파트너)과의 관계를 더욱 친숙하게 할 필요가 있을 때에는 손바닥을 치는 대신에 상대의 어깨를 두드리도록 하는 것도 좋다.

참고

보다 부드러운 게임, 박진감이 넘치는 게임의 진행을 위해서 진행자는 "사자!", "사슴!" 하고 외치는 것보다 "동물원에 가 보았더니 우리 안에 있는 '사자'가 ……." 하는 식의 이야기 방법으로 게임을 진행할 수도 있다.

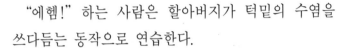
게임을 위하여 참가자들 모두 소리와 동작을 연습한다.

"어흥!" 하는 호랑이는 두 손을 얼굴로 가져가 무서운 호랑이가 덤벼 드는 동작을 연습한다.

▲ 어흥

"땅!" 하는 총은 오른손으로 총 모양을 만들어 사격을 하는 동작으로 연습한다.

"에헴!" 하는 사람은 할아버지가 턱밑의 수염을 쓰다듬는 동작으로 연습한다.

▲ 땅

두 사람이 짝을 이루고 마주 앉으면 각자는 미리 무슨 동작을 취하겠다는 계획을 세운 후 두 손을 어깨 높이로 들고 준비 자세를 갖춘다.

진행자의 신호가 울리면 각자 준비한 동작과 소리를 동시에 낸다.

▲ 에헴

승부를 가르는 방법은 '어흥'과 '땅'이 만나면 '땅'이 이기고, '땅'과 '에헴'이 만나면 '에헴'이 이기며, '에헴'과 '어흥'이 만나면 '어흥'이 이긴다. 물론 같은 동작과 소리가 나오면 무승부로 판정한다.

짝(파트너)과 게임을 3~5회쯤 실시하여 보다 많이 이긴 사람이 승리한다.

남·녀 또는 두 사람씩 짝을 이루어 등을 대고 앉거나 서서 즐길 수 있는 게임이다.

게임 참가자가 남·녀인 경우에는 남자의 별명을 '사자'로, 여자의 별명을 '사슴'으로 한다. 그러나 짝을 이룬 두 사람이 모두 남자이거나 여자인 경우에는 가위바위보로 한 사람은 '사자', 다른 한 사람은 '사슴'으로 한다.

게임이 시작되면 두 사람은 서로 등을 댄 채로 각자 앞을 보고 있다가 진행자가 "하나, 둘, 셋!" 하고 신호하면 각자 고개를 자기 마음대로 오른쪽이나 왼쪽으로 돌려 등을 댄 사람과 얼굴이 마주쳤는지 아니면 다른 방향으로 빗나갔는지를 확인한다.

승부는 얼굴이 마주친 경우에는 '사자'가 이기고, 얼굴이 각기 다른 방향으로 빗나가면 '사슴'이 이긴 것으로 판정한다.

단, 진행자의 신호에 맞춰 고개를 돌리지 않고 동작이 늦거나, 고개를 돌리다 다른 방향으로 다시 돌리면 반칙패로 판정한다.

게임을 3~5회쯤 계속해서 보다 많이 이긴 사람이 승리한 것으로 판정하면 된다.

손수건으로 손목 묶기 **10**

남·녀 또는 두 사람씩 짝을 이루어 마주 앉아서 즐길 수 있는 게임이다.

두 사람은 손수건을 하나 준비하고 가위바위보를 하여 이긴 사람이 손수건을 대각선으로 펴고 긴 끈처럼 잡아 진 사람의 오른손 손목을 손수건으로 묶을 준비를 한다.

진행자가 "하나, 둘, 셋!" 하고 외치면 손목을 손수건 고리 안에 넣은 사람은 빨리 손목을 고리에서 빼내어야 하고, 손수건 고리를 잡고 있는 사람은 빨리 손수건을 당겨 손목을 묶어야 한다.

손목을 묶으면 손수건을 가진 사람의 승리가 되고, 반대로 손목을 고리에서 무사히 빼내면 승부는 그 반대가 된다.

가위바위보로 손수건을 주고받으며 3~5회쯤 게임을 진행하여 보다 많이 승리한 사람이 이긴 것으로 판정한다.

참가자들 모두 손수건을 준비하기 어려울 때는 포장할 때 사용하는 끈이나 매듭에 사용하는 줄 등으로 대신할 수 있는데 참가자 전원이 사용할 수 있을 만큼 준비하여 나누어 주고 게임을 진행할 수도 있다.

제2장 파티·잔치·축제 레크리에이션 프로그램 **109**

11 두 사람이 사과 깎아 먹기

남·녀 또는 두 사람씩 짝을 이루어 즐기는 게임이다.

두 사람이 짝이 되면 먼저 게임에 사용할 사과와 칼을 하나씩 준비한다.

이제 한 사람은 한 손으로 사과를 잡고, 다른 한 사람 역시 한 손으로 칼을 잡는다.

진행자가 '시작!' 하고 신호하면 각기 한 손만을 사용하여 사과를 깎는다.

다 깎으면 칼을 쥔 사람이 사과를 들어 사과를 쥐고 있던 사람에게 다정하게 먹인다.

그러나 사과를 깎는 과정에서 껍질을 너무 두껍게 깎았다든지, 두 손을 사용하는 등 반칙을 하면 상대편의 승리로 판정한다.

물론 먼저 깎고 먼저 먹기가 끝난 편이 승리한다.

참고

참가자들에게 사과나 칼을 사용하는 것이 어려울 때는 껍질을 벗기기만 하면 먹을 수 있는 '귤 까먹기'로 해도 좋다.

이 게임은 좀더 응용하여 '케이크 먹여 주기', '우유 먹이기' 등 메뉴를 바꾸어 진행할 수도 있다.

남·녀 또는 두 사람을 한 단위로 해서 다른 참가자들과 대항하는 게임이다.

먼저 게임에 참가하는 인원수대로 과자를 준비하고, 그 과자에는 깨끗한 실을 15~20㎝ 정도의 길이로 묶어 놓는다.

게임 참가자들에게 실을 맨 과자를 하나씩 나누어 준다.

진행자의 '시작!' 신호에 따라 게임 참가자들은 입으로 실을 당겨 과자가 먼저 입으로 들어가도록 해야 한다.

물론 과자를 먼저 입에 넣는 사람이 이긴다.

게임 도중 손을 사용하거나 입 이외의 다른 도움 동작이 있게 되면 반칙이 된다.

참고

갑자기 과자에 맬 실을 준비할 수 없을 때에는 과자를 직접 이마에 올려 놓고 그 과자가 바닥에 떨어지지 않고 입으로 들어가도록 진행 방법을 바꾸어도 좋다.

13 과자 먹고 휘파람 불기

남·녀 또는 두 사람씩 짝을 이루어 즐기는 게임이다.

모두 휘파람을 신나게 불어 보자. 게임을 위하여 노래를 한 곡 지정하여 휘파람을 불어 볼 수도 있다.

연습이 끝나면 3~4개 팀으로 인원을 나누고 그 팀 안에서 대표를 2~4명씩 정해서 앞으로 나오도록 한다.

게임이 시작되면 대표들은 나누어 준 과자(2~3개)를 빨리 먹은 후 휘파람을 분다.

게임 참가자들은 과자를 다 먹고 난 뒤에 휘파람을 불어야 하는데 급한 나머지 입에 과자가 든 채로 휘파람을 불게 되면, 휘파람도 제대로 불지 못할 뿐 아니라 입 밖으로 과자가 마구 튀어 나와 보는 이들에게 웃음을 자아내게 한다.

게임 참가자들 중에 휘파람을 부는 것이 어려운 사람이 있을 경우에는 과자를 먹은 뒤 정해진 노래를 부른다든지, 주어진 연극 대본을 읽도록 한다든지 하여 그 방법을 미리 조정하는 것이 바람직하다.

발 밟기 **14**

남·녀 또는 두 사람씩 짝을 이루어 그 짝과 즐기는 게임이다.

두 사람은 2m쯤 떨어진 위치에서 마주 선 다음 가위바위보로 순서를 정한다.

가위바위보에서 이긴 사람은 먼저 "발을" 하고 소리 치면서 자기의 왼발 앞에 오른발을 붙인다.

가위바위보에서 진 사람은 "밟아라" 하고 소리 치면서 역시 오른발을 왼발 앞에 가져다 붙인다.

계속해서 "발을" 하고 움직이면 "밟아라" 하고 움직이는 방법으로 서로의 발 앞에 다른 발을 옮기며 거리를 좁혀 간다.

결국 두 사람 사이에 남은 공간이 없어지고 어느 한 사람이 다른 사람의 발 위에 자기 발을 올리게 된다.

다른 사람의 발을 먼저 밟는 사람이 이긴다.

게임을 보다 즐겁게 하도록 하기 위하여 수영할 때 사용하는 오리발을 준비하여 참가자들이 갈아 신도록 한 후 진행하면 더욱 재미있다.

15 도깨비 손으로 대항하는 권투

남·녀 또는 두 사람씩 짝을 이루어 즐기는 게임이다.

먼저 게임에 필요한 권투 장갑 1벌, 길이 150㎝ 정도의 나무 막대기 2개, 가로 80㎝·세로 40㎝·높이 30㎝ 정도의 상자 2개(플라스틱으로 제작된 음료병을 담는 상자를 이용해도 좋다)를 준비한다.

게임이 시작되면 참가자들은 차례에 따라 한 사람씩 상자 위에 올라서서 권투 장갑이 끼워진 막대기만을 사용하여 상대방을 상자 위에서 바닥으로 떨어뜨려야 하는 것이다.

참가자의 인원수에 따라 개인별, 팀 대항 승부 방식 등 적당한 진행 방법을 선택할 수 있다.

참고

권투 장갑이 끼워진 막대기는 상대방을 상자 위에서 떨어뜨리기 위한 도구이지 상대방을 가격하는 흉기가 되어서는 안 된다.

진행자는 게임 진행에 있어 권투 장갑이 상대방의 얼굴이나 신체적으로 위험한 부위에 맞지 않도록 유의할 필요가 있다.

징검다리 밟기 16

남·녀 또는 두 사람씩 짝을 이루어 즐기는 게임이다.

게임을 위하여 8~10명 단위로 2~4팀으로 나누고, 팀마다 징검다리로 사용할 마분지(판지)를 2장씩 준비한다.

게임 참가자들은 5~7m 앞에 반환점을 두고 팀 별로 출발선에 2열 종대로 늘어선다.

진행자의 '출발!' 신호에 따라 게임이 시작되면 한 사람은 마분지 위를 걷게 되고, 다른 한 사람은 마분지 위를 걷는 사람이 발을 움직일 때마다 그 마분지를 옮겨 주어야 한다.

한 사람은 마분지 위를 걷고, 다른 한 사람은 그 마분지를 옮겨 주며 반환점을 다녀오면 자기 팀의 다음 사람과 교대한다.

순서에 따라 모두 먼저 끝난 팀이 승리하게 된다.

반환점에 가서 돌아올 때에는 두 사람의 역할을 바꾸어 주는 것도 좋다. 징검다리(마분지)를 밟는 사람은 구두 대신에 오리발이나 동물 캐릭터의 발로 바꾸어 신고 움직이는 것도 좋다.

17 징글 벨·벨 징글

남·녀 또는 두 사람이 짝을 이루어 자리에 앉아서 즐기는 게임이다.

두 사람은 먼저 가위바위보로 게임을 시작한다.

가위바위보에 이긴 사람은 진 사람에게 "징글 벨!" 하고 공격한다. 그러면 상대는 재빨리 "벨 징글!" 하고 대답해야 한다.

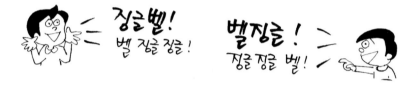

이번에 공격을 바꾸어 "징글 징글 벨!" 하고 반대로 공격하면 "벨 징글 징글!" 하고 대답한다.

서로 공격을 주고받으면서 상대방의 공격을 규칙에 따라서 틀리지 않고 재빨리 반대로 대답해야 한다.

"징글 벨, 징글 벨!" 하면 "벨 징글, 벨 징글!"로, "징글 징글 벨 벨!!" 하면 "벨 벨 징글 징글!"로 …….

참고

게임 진행자는 게임을 시작하기 전에 먼저 파트너들간에 승부에 따른 내기를 걸도록 하여 게임의 분위기를 더욱 고조시킬 수 있다.

게임의 분위기에 따라서 진행자는 "징글 벨" 대신에 "하늘 땅" 또는 "아들 딸" 등 다른 말을 이용하여 게임을 진행하도록 하는 것도 좋다.

남·녀 또는 두 사람씩 짝을 이루어 자리에 앉아서 즐기는 게임이다.

두 사람은 먼저 가위바위보로 게임을 시작한다. 가위바위보에 진 사람은 자신의 왼손을 내밀고 이긴 사람은 자신의 왼손으로 진 사람의 왼손을 잡고 오른손을 그 손등 위에 가져간다.

'손등 위를 걸어 지나' (8박자) : 이긴 사람은 오른손 집게손가락과 가운뎃손가락을 이용하여 짝의 왼손 손등을 간지럽히며 "손등 위를 걸어 지나" 하고 외친다.

'팔뚝 위도 걸어 지나' (8박자) : 손등으로부터 팔꿈치까지 간지럽히며 "팔뚝 위도 걸어 지나" 하고 외친다.

'어깨 위에 서면 물어 보자' (8박자) : 팔꿈치로부터 어깨까지 손가락으로 타고 오르며 "어깨 위에 서면 물어 보자" 하고 외친다.

동작과 외치기를 마치면 왼손을 잡은 채로 "좋아하는 음식은?" 하는 식으로 물어 본다. 손을 잡힌 사람은 재빨리 자신이 좋아하는 음식을 "비빔밥, 떡볶이, 군만두" 하는 식으로 세 가지를 대답해야 한다.

질문을 한 사람은 세 가지 대답이 나오는 동안 목에 간지럼을 태울 수도 있다.

참고

'좋아하는 음식은?' 대신에 '받고 싶은 선물은?', '여행하고 싶은 곳은?' 등 재미있게 물어 볼 수도 있다.

19 숨긴 손가락 찾아내기 ____

　남·녀 또는 두 사람씩 짝을 이루어 자리에 앉아서 즐기는 게임이다.

　참가자들은 각자 자기의 두 손으로 손가락 깍지를 끼는 동작을 해본다.

　이번에는 깍지를 끼면서 어느 손의 손가락이든 하나를 빼어 감추는 연습을 한다.

　연습을 마치고 나면 게임을 시작하게 되는데 상대방이 눈치 채지 못하게 감추려면 몸을 뒤로 돌려(뒤로 돌아 앉아도 된다) 자기 손을 쳐다보면서 손가락을 감추도록 하는 것이 좋다.

　진행자의 안내에 따라 손가락을 하나 감추고 나면 '준비!', '시작!' 하는 진행자의 신호에 따라 서로 깍지를 내어 보이면서 상대방이 감춘 손가락을 찾게 된다.

　상대방보다 먼저 숨긴 손가락을 깍지에서 찾아낸 사람이 승부에서 이긴다.

　한 번에 승부를 결정 짓기보다는 게임을 세 번쯤 실시하여 보다 많이 이긴 사람이 승리한 것으로 판정한다.

Ⅳ 분위기 조성을 위한 레크리에이션

※ 분위기 조성을 위한 레크리에이션 찾아보기 표

순서	놀이 이름	프로그램의 선택									
		I	II	III	IV	V	VI	VII	VIII	IX	X
1	기지개와 안마(M⁺)	○	△	△	○	○	○	○	◎	○	○
2	옆 사람과 손뼉 나눠 치며 노래(MG)	○	○	○	○	○	○	◎	○	○	○
3	무릎 치고 탑을 쌓고(M⁺)	○	△	△	△	△	○	○	◎	○	△
4	열린 문을 지나자(MG)	△	○	△	×	×	○	○	○	○	×
5	동작과 함께 즐기는 숫자 놀이(EG)	○	○	○	○	○	○	○	◎	○	○
6	혹 · 딱 · 손뼉(소리와 동작으로 이어가기)(EG)	○	○	△	△	◎	○	○	○	○	○
7	지적한 말을 넣어 대답하기(EG)	○	○	○	○	○	○	○	◎	○	△
8	생각나는 말로 단어 이어가기(EG)	○	○	○	△	△	○	○	◎	○	○
9	인물 콘테스트(TWG)	○	○	○	○	○	○	○	◎	○	○
10	물에 뜬 사과 물기(TWG)	○	○	○	△	△	○	○	○	◎	○
11	목과 턱 사이로 풍선 전달하기(TWG)	○	○	○	○	○	○	◎	○	○	○
12	판 위에서 공 튀어 오르게 하기(Bound-Ball)(TWG)	○	○	○	○	◎	○	○	○	○	○
13	기차 만들기(MG)	○	○	○	○	○	○	◎	○	○	○
14	소원, 말을 해보면(MG)	○	○	○	○	○	○	◎	○	○	○
15	몸짓 대항 운동 경기(TWG)	○	○	○	○	○	○	○	○	◎	○
16	기억력 모으기(EG)	○	○	○	○	○	○	○	○	○	○
17	팀 대항 노래 부르기(MG)	○	○	○	○	○	○	○	○	○	○
18	새와 나무(TWG)	○	○	○	△	△	○	○	○	○	△
19	곰을 잡으러 갑시다(TWG)	○	○	○	○	○	○	○	○	○	○
20	춤추기 경연(MG)	○	○	○	○	○	○	○	○	○	○

M⁺ : 노래 · 율동
MG : 노래 · 게임
EG : 요령이 필요한 게임
TWG : 팀워크 게임

I : 돌잔치
II : 약혼식 파티
III : 결혼식 파티
IV : 회갑 · 칠순 · 팔순 잔치
V : 은혼식 · 금혼식 잔치

VI : 동창회 파티
VII : 송년 파티(행사)
VIII : 어린이날 축제
IX : 신입생(신입 회원 · 사원) 환영 파티
X : 경로 잔치

◎ : 가장 좋음, ○ : 가능함, △ : 응용하면 가능함, × : 불가능함

IV 분위기 조성을 위한 레크리에이션

인 원					장 소				대 형					페이지
●	∞	○	■	▣	≡	○	□	∪	∪	∞	○	⊡⊡	↑↑	
△	△	○	◎	○	◎	○	○	○	◎	△	○	○	×	122
×	△	○	○	◎	◎	○	○	○	◎	△	○	○	×	123
×	△	○	○	◎	◎	○	○	○	◎	△	○	○	×	124
×	×	○	○	◎	×	○	×	△	×	×	○	×	×	126
×	×	○	○	○	×	◎	○	○	△	△	◎	○	×	127
×	△	○	◎	○	△	◎	○	○	△	△	◎	○	△	128
×	△	◎	○	○	△	○	○	◎	○	△	○	◎	○	129
×	○	◎	○	○	○	○	○	◎	○	○	○	◎	○	130
×	×	○	○	◎	○	○	○	○	○	○	○	◎	○	131
△	△	○	◎	○	△	○	◎	○	△	△	○	◎	○	132
×	×	○	○	○	○	○	◎	○	○	○	○	◎	○	133
×	×	○	○	◎	×	◎	×	△	×	×	○	◎	×	134
×	×	○	○	◎	×	◎	×	○	×	△	◎	○	×	135
○	○	○	○	◎	○	○	○	○	○	○	○	○	○	136
×	△	○	○	◎	○	○	○	○	○	○	○	◎	○	137
○	○	○	○	○	○	○	○	○	○	○	○	○	○	138
×	△	○	○	○	○	○	○	○	○	○	○	◎	△	139
×	△	○	○	○	○	○	○	○	○	○	○	◎	△	140
×	×	○	○	◎	○	○	○	○	○	○	○	◎	△	141
×	×	○	○	◎	△	◎	△	○	○	△	○	◎	△	142

● : 개인
∞ : 2인 1조
○ : 소그룹(15명 이내)
■ : 그룹(20~30명)
▣ : 매스(50명 이상)

≡ : 고정된 의자
○ : 이동 가능한 의자
□ : 식탁
∪ : 무대

∪ : 진행자를 향한 대형
∞ : 둘이 마주 본 대형
○ : 원형
⊡⊡ : 팀 대형
↑↑ : 릴레이 대형

IV 분위기 조성을 위한 레크리에이션

모두 원형으로 둘러앉아 노래와 동작을 즐긴다.

박창영 작사
박창영 작곡

손 깍지 를 끼 고서   기 지개앞 으 로   하나둘 셋넷 하나둘셋 넷

손 깍 지 를 끼고 서   기 지 개위 -로   하나둘 셋 넷 하나둘 셋 넷

두 팔 들 어 오른쪽   안 마 합 시 다   하 나둘 셋넷 하나둘 셋 넷

두 팔 들 어 왼쪽도   안 마 합 시 다   하 나 둘 셋넷 하나 둘셋 넷

· **손깍지를 끼고서**(4박자) : 가슴 앞에서 두 손의 손가락을 엮어 손깍지 모양을 만든다.

· **기지개 앞으로**(4박자) : 손깍지 낀 두 팔을 앞으로 길게 펴면서 머리는 뒤로 젖힌다.

· **하나 둘 셋 넷**(8박자) : 힘차게 소리 치며 동작을 반복한다.

· **기지개 위로**(4박자) : 손깍지 낀 두 팔을 머리 위로 높이 올린다.

· **두 팔 들어 오른쪽 안마합시다**(8박자) : 오른쪽에 앉은 사람의 어깨나 등에 두 손을 가져가 가볍게 두드리며 안마해 준다.

· **두 팔 들어 왼쪽도 안마합시다**(8박자) : 왼쪽으로 돌아앉아 왼쪽 사람의 어깨나 등을 두드리며 안마해 준다.

＊이상의 동작을 분위기에 따라 노래와 함께 반복하며 즐긴다.

옆 사람과 손뼉 나눠 치며 노래 2

다 함께 '띠야야 호'를 노래한다.

띠야야 호

가 나 노래
박창영 정리

띠야야띠야야 띠야야호 띠야야띠야야 띠야야호 띠야야띠야야

띠야야호 띠야야띠야야 호 야 호 야 호 야 호

띠야야띠야야 띠야야호 야 호 야 호 띠야야띠야야 호 야호

박자에 따라 자기 손뼉 또는 옆 사람의 손뼉을 친다.

1)1박자 : 자기 손뼉을 한 번 친다.

2)2박자 : 왼손은 손바닥이 위로 향하도록 하여 왼쪽 사람에게 내밀고, 오른손으로는 오른쪽 사람이 내민 왼손바닥을 두 번 가볍게 친다.

이와 같은 방법으로 손뼉과 동작을 반복하며 노래 부른다.

진행자는 4마디 정도를 한 단위로 하여 손뼉을 치는 방향을 바꾸어 가며 진행할 수도 있다.

참 고

혼자서 치는 손뼉보다 옆 사람의 손을 함께 치며 노래할 때 모임의 분위기는 더욱 즐거워지며, 공동체적인 '우리 의식(we-consciousness)'도 강하게 만들어 낼 수 있다.

IV 분위기 조성을 위한 레크리에이션

3 무릎치고 탑을 쌓고

다 함께 노래에 맞춰 율동을 즐긴다.

미국 노래
박창영 작사·정리

무릎치고 - 탑 을쌓고 - 팔꿈치 세 워서 흔 들

수영하러 - 수 영하러 - 시 원 한바 다로 가 자

두팔돌려 - 손뼉치고 - 빙 글빙글 다 시 손뼉

옆사람 에 안마 시원하게 안 마 돌아앉아 서 안 마

· **무릎 치고**(4박자)

자기 무릎을 두 손으로 두 번 치고(2박자), 손뼉을 두 번 친다(2박자).

· **탑을 쌓고**(4박자)

가슴 앞에서 주먹을 쥔 왼손 위에 오른손 주먹을 쌓고(2박자), 반대로 오른손 주먹 위에 왼손 주먹을 쌓는다(2박자).

· **팔꿈치 세워서**(4박자)

오른팔을 세우며 왼손으로 팔꿈치를 받치고(2

박자), 왼팔 세우고 오른손으로 왼팔꿈치에 받친다(2박자).

· 흔들(4박자)

두 팔을 가슴 앞에서 어깨 높이로 올려 춤 추는 동작을 한다.

· **수영하러 수영하러**(8박자)

개구리헤엄 동작을 두 번 한다.

· **시원한 바다로 가자**(8박자)

자유형 수영 동작으로 오른팔을 펼치고(4박자), 왼팔도 앞으로
펼친다(4박자).

· **두 팔 돌려**(4박자)

가슴 앞에서 두 팔로 실패를 감듯 빙글빙글 돌
린다.

· **손뼉 치고**(4박자)

손뼉을 네 번 친다.

· **빙글빙글 다시**(4박자)

'두 팔 돌려'와 같은 동작을 한다.

· **손뼉**(4박자)

손뼉을 네 번 친다.

· **옆 사람에 안마 시원하게 안마**(8박자)

오른쪽에 앉은 사람의 어깨나 등을 두드려 준다.

· **돌아 앉아서 안마**(8박자)

왼쪽에 앉은 사람의 어깨나 등을 두드려 준다.

＊이상의 동작을 분위기에 따라 노래와 함께 반복하며 즐긴다.

4 열린 문을 지나자

모두 일렬 원형으로 둘러서고 참가자 중 두 사람은 어깨 위로 두 손을 잡아 문을 만든 후 노래와 함께 게임을 시작한다.

박창영 작사
영국 노래

노래가 시작되면 모두 손을 잡고 열린 문을 지나게 된다.

도중에 진행자가 "닫쳤다!" 하고 외치면, 문을 만들고 있던 사람들은 잡고 있던 두 손을 내리는데 이때 문 안에 갇히는 사람은 원 중앙에 나가 서 있다가 두 사람이 되면 다른 문을 만들게 된다.

같은 방법으로 게임을 진행하게 되는데, 게임은 모두 두 사람씩 짝을 이룰 때까지 진행된다.

모두 두 사람씩 짝을 이루고 나면 두 사람이 같이 시작하는 다음 게임으로 옮겨 가는 것이 좋다.

IV 분위기 조성을 위한 레크리에이션

동작과 함께 즐기는 숫자놀이 5

모두 원형으로 둘러앉아 차례에 따라 규칙대로 숫자를 이어가는 게임이다.

게임에 사용할 수 있는 숫자는 1, 2, 3, 4, 5, 6, 7로 한정한다.

그런데 숫자를 말할 때는 반드시 숫자가 진행되는 방향을 가리켜야 한다.

숫자를 가리키는 방향은 숫자가 지나는 반대 방향의 팔을 들어 교통 순경이 가슴 앞으로 팔을 저어 신호하듯 동작을 취해야 한다.

단, 4번과 7번을 말할 때는 신호하는 팔을 머리 위로 가져가 신호해야 한다.

머리 위에서 동작을 취하는 4번과 7번은 자기 뜻에 따라 진행 방향을 반대 방향으로 바꿀 수도 있다.

번호가 순서에 맞지 않는다든지, 또 지적된 방향이 잘못될 때는 술래가 되어 벌칙을 받게 된다.

6 혹·딱·손뼉 (소리와 동작으로 이어가기)

참가자들이 모두 원형으로 둘러앉으면 진행자가 지적한 사람은 "혹!" 하고 소리 친다.

시계가 도는 방향으로 다음 사람은 "딱!" 하고 소리 친다.

같은 방향으로 다음 사람은 소리 없이 손뼉만 한 번 친다.

이와 같은 방법으로 차례에 따라 소리 치거나 손뼉을 치며 순서를 이어간다.

박자를 지키지 못하거나 자기 차례의 소리나 동작을 제대로 하지 못했을 때는 술래가 된다.

술래에게는 가벼운 벌칙을 준 뒤 다시 게임을 계속할 수 있다.

참가자들이 게임에 익숙해지면 앉은 자리에서 차례에 따라 이어가는 방법 대신에 다음 사람을 자유롭게 지적하는 방법으로 게임을 진행할 수 있다.

지적한 말을 넣어 대답하기 7

참가자 모두 원형으로 둘러앉는다.

진행자가 참가자 중 누군가를 지적하여 "어" 하면 지적을 받은 사람은 빨리 "민어" 하고 '어'자로 끝나는 말을 생각해 내어 대답해야 한다.

진행자가 또 다른 사람을 지적하면서 "목" 하면 지적을 받은 사람은 빨리 "건널목", 또 진행자가 "창" 하면 "합창" 하는 식으로 대답한다.

이 게임은 순간적인 재치를 즐기는 게임인데 규칙을 바꾸어 진행자가 주는 말을 시작으로 단어를 생각해서 대답하도록 해도 좋다.

"개" 하면 "개나리", "독" 하면 "독수리", "해" 하면 "해오름"의 식으로 ······.

참고

원래 이 게임의 원형은 '어조목'으로 '어'는 '물고기 어(魚)', '조'는 '새 조 (鳥)', '목'은 '나무 목(木)'으로 물고기나 새 또는 나무의 이름을 대답하는 게임이다. '어' 하면 '고등어', '조' 하면 '앵무새', '목' 하면 '소나무' ······.

게임에서 틀린 사람에게는 벌을 주기보다 진행자가 하던 역할을 맡겨 게임을 이어나가는 것도 바람직하다.

IV 분위기 조성을 위한 레크리에이션

8 생각나는 말로 단어 이어가기

모두 원형으로 둘러앉아 차례에 따라 단어를 말해 가며 즐기는 게임이다.

진행자가 어떤 단어를 하나 말하면 참가자들은 차례대로 그 단어로부터 생각나는 말을 이어가야 한다.

예를 들면, 길다→바나나→덥다→여름→바다→고래→검다→기차→빠르다→제비→난다→비행기→…….

참가자 모두 생각나는 말로 단어가 이어지고 나면 이제는 그 반대 순서로 '왜 그런 단어를 생각하여 말하게 되었는지?' 뒤풀이를 해가며 진행자가 시작한 단어까지 올라간다.

참고

이런 유형의 게임은 즐거운 분위기의 흐름도 중요하지만 뒤풀이 과정에 있어서 자기를 개방하고 설명하는 부분에 초점을 맞출 필요가 있다.

진행자는 참가자를 인원수에 따라 10~14명 단위로 3~4팀으로 나누고 팀마다 게임 진행을 도울 대표를 한 사람씩 뽑는다.

그리고 인물 콘테스트의 문제로 '키가 제일 큰 사람!' 하고 주제를 알려 주면 팀마다 키가 제일 큰 사람이 대표로 나와 실제로 키를 대어 보면서 그 중에서도 제일 큰 사람을 챔피언으로 뽑는다.

또 '배가 제일 많이 나온 사람!' 하고 대표들이 나오면 진행자는 실제로 줄자를 이용하여 대표들의 허리 둘레를 재어 챔피언을 결정한다.

계속해서 '노래를 제일 잘하는 사람', '춤을 제일 잘 추는 사람', '주머니에 동전을 제일 많이 가지고 있는 사람', '코가 제일 큰 사람' 등 여러 가지 문제를 내가면서 팀 경쟁 상태에서 게임을 진행한다.

게임을 진행하여 보다 많은 문제에 챔피언을 낸 팀이 승리한 것으로 판정한다.

10 물에 뜬 사과 물기 _____

진행자는 참가자를 인원수에 따라 10명 단위로 3~5팀으로 나누고, 팀마다 순서를 정하여 자리에 앉힌다.

게임을 위하여 사과를 여러 개 준비하고 깨끗한 물을 담은 그릇에 그 사과들을 띄운다.

진행자의 '시작!' 신호에 따라 팀을 대표한 선수들은 준비된 사과가 있는 곳으로 나와 입만을 사용하여 사과를 물에서 집어 낸다.

사과를 먼저 집어 낸 사람이 이긴 것으로 하고 집어 낸 사과는 각자 가지고 제자리로 돌아간다.

차례에 따라 게임을 계속해서 결국 이긴 사람의 수가 가장 많은 팀이 승리하게 된다.

참고 ....

참가자들에게 사과가 입으로 물기에 너무 크다고 생각될 때에는 계절에 따라 자두, 토마토, 복숭아, 귤 등으로 바꾸어도 좋다. 또 상황에 따라서는 과일이 아닌 탁구공, 풍선, 재미있는 완구나 장신구 등으로 바꾸어 사용할 수도 있다.

진행자는 참가자들을 인원에 따라 10명 정도를 한 단위의 팀으로 구성하고 팀마다 불어 놓은 풍선을 하나씩 준비한다.

게임이 시작되면 시작하는 사람부터 턱 아래와 목 사이에 끼운 풍선을 그대로 다음 사람에게 전달해야 한다.

이때 주의할 점은 풍선을 전달하기 위하여 절대로 턱과 목 이외의 신체의 다른 부위를 사용할 수 없다.

차례에 따라 같은 방법으로 제일 마지막 사람에게까지 먼저 전달이 끝난 팀이 승리한다.

게임을 진행하는 도중에 풍선이 터지거나 반칙이 생기면 그 팀은 처음부터 다시 하도록 한다.

Ⅳ 분위기 조성을 위한 레크리에이션

12 판 위에서 공 튀어 오르게 하기 (Bound-Ball)

진행자는 참가자 12명을 한 단위로 하여 팀을 구성한다.

팀마다 음반(전축판) 끝에 1m 정도 길이의 끈 12개를 매달아 참가자들은 그 줄의 끝을 잡고 선다.

판 위에는 탁구공을 하나 올려 놓는다.

게임이 시작되면 모두 호흡을 맞추며 각자 잡은 줄을 위아래로 흔들어 판 위의 공이 바닥에 떨어지지 않고 판 위에서 여러 번 튀어오르게 해야 하는 것이다.

참가자들은 공이 튀어오르는 횟수를 "하나, 둘, 셋, ……" 하며 세어 가며 5~10분 동안 연습을 한다.

모두 연습을 마치고 나면 참가자 전원이 지켜보는 가운데 한 팀씩 차례로 나와서 어느 팀이 더 많은 횟수의 공을 튀어오르게 하는지 대항을 하게 된다.

결국 판 위에서 공을 보다 많이 튀긴 팀이 승리하게 된다.

두 사람이 마주 보고 서서 가위바위보를 한다.

가위바위보에 이긴 사람은 앞에 서서 기관차가 되고, 진 사람은 그 뒤에 서서 객차가 된다.

이제 노래 '기차 만들기'에 맞추어 행진하며 게임은 시작된다.

박창영 작사
박창영 작곡

오른발 왼발 뛰어 서   오른발 왼발 뛰어 서

신나게 달려 가면 은   종착 - 역이 되지 요

2박자에 오른발을 오른쪽으로 들었다 놓고, 다시 2박자에 왼발을 왼쪽으로 들었다 놓고, 4박자에는 두 발을 모아 앞으로 세 번 뛰고 1박자는 쉰다.

위의 '기차 만들기' 노래를 부르며 설명한 동작으로 움직이다가 노래가 끝날 때 다른 기차와 만나 기관차끼리 가위바위보를 하여 진 기차는 이긴 기차의 뒤로 연결된다.

모두 하나의 기차가 될 때까지 게임은 계속된다.

14 소원, 말을 해보면

참가자 모두 원형으로 둘러앉아 '소원, 말을 해보면' 노래부터 부른다.

박창영 작사
박창영 작곡

우 리 모 두 하나씩 소 원 말 을 해 보 면 -

말 한 소 원 이루 어 질 거 야 이루어질 - 거 야 - *Fine*

게임)돌 아 가 며 하나씩 소원을 말하여 나 간 다 ...... *D.C.*

'우리 모두 하나씩 소원 ~ 이루어질거야' (48박자) : 옆 사람과 손뼉을 나눠 치며 노래한다.

게임에 들어가면(돌아가며 한 사람씩 소원을~) 진행자는 2~3명씩 소원을 말할 기회를 준다.

"키가 좀 컸으면 좋겠어요."

"아버지가 건강해지시면 좋겠어요."

노래와 게임이 끝나면 서로의 소원이 이루어지기를 빌며 박수를 나눈다.

참가자를 인원수에 따라 10~16명을 한 단위로 하여 4~6팀으로 나누어 모여 앉은 상태에서 팀 대표와 같이 박자에 따라 동작과 함성, 그리고 손뼉을 맞추어 나간다.

진행자가 지적한 팀은 모두 농구공을 두 손으로 던져 골인시키는 동작과 함께 "농구! 농구! 농구!" 하고 외친 후 손뼉을 세 번 친다.

다른 팀은 개구리헤엄 동작과 함께 "수영! 수영! 수영!" 하고는 역시 손뼉을 세 번 친다.

같은 방법으로 박자에 따라 순서를 주고받으며 여러 가지 운동 경기를 표현해 나간다.

한 번 소개된 운동 경기는 어느 팀이든 다시 표현할 수 없으며 앞의 팀이 끝나면 곧바로 이어받아야 한다.

승부에 따라 3~5회쯤 실시한 후에는 '운동 경기'에서부터 주제를 넓혀 여가 활동 전반에 걸쳐 몸짓 대항을 해가며 게임을 진행하는 것도 좋다.

16 기억력 모으기

6~10명을 한 단위로 하여 몇 팀으로 나눈다.

진행자는 먼저 팀마다 팀장을 선출하도록 하고 참가자들이 가지고 있는 여러 가지 소지품들을 모아 정해진 장소에 늘어놓도록 한다.

늘어놓은 물건(소지품)의 가지 수는 10~20점 정도가 좋다.

게임이 시작되면 참가자들은 팀마다 순회하면서 어느 팀에서 어떤 물건을 늘어놓았는지 관찰하도록 한다.

모두 다른 팀의 물건들을 관찰하고 자기 자리로 돌아오면 이제는 어느 팀에서 어떤 물건을 보았는지 서로 이야기를 나누면서 기억력을 모아 답안을 작성한다.

답안이 모두 작성되고 나면 진행자는 그 답안들을 모아 팀마다 물건들을 확인해 가면서 어느 팀의 기억력이 제일 뛰어난지 판정을 하게 된다.

물론 다른 팀의 물건 숫자를 그 내용과 함께 보다 더 많이 맞춘 팀이 승리하게 된다.

게임에 필요한 물건을 늘어놓을 판과 덮개, 그리고 답안을 작성할 용지 등은 진행자가 미리 준비하는 것이 좋다.

Ⅳ 분위기 조성을 위한 레크리에이션

6~10명을 한 단위로 하여 4~6팀으로 나누고 자리를 정돈한 후 진행자는 차례대로 팀 이름을 불러 가며 게임을 시작한다.

진행자는 참가자들에게 게임에 앞서 진행 방법과 게임 규칙을 확인해 준다.

차례에 따라 지적 받은 팀은 즉시 다 함께 노래해야 하며, 어느 팀이든 이미 한 번 불렀던 노래는 다시 부를 수 없다. 진행자는 노래 분위기에 따라 노래가 다 끝나지 않았더라도 다른 팀으로 노래 순서를 돌릴 수 있으며 한 번 부른 노래가 다시 나오면 그때는 그 노래를 먼저 불렀던 팀의 승리로 한다.

게임이 시작되고 처음에는 부르기 쉬운 동요가 많이 불리지만 점차 개성적인 팀의 분위기가 나타나면서 가요, 가곡, 민요, 팝송 등 다양한 흐름을 찾게 된다.

어느 정도 팀 사이의 순위가 가려지고 분위기가 고조되었을 때 게임을 끝내면 된다.

18 새와 나무

6~10명을 한 단위로 하여 네 팀으로 나눈다.

진행자는 먼저 새와 나무의 동작을 참가자 전원에게 연습하도록 한다.

'새'는 두 손바닥을 가슴 앞에서 편 채로 붙여(손뼉을 칠 때와 같은 동작) 표현하도록 하고, '나무'는 두 팔을 나뭇가지 모양으로 뻗어 표현하도록 한다.

동작을 연습하고 나면 게임이 시작되는데 진행자는 먼저 팀마다 팀장을 선출한 후 팀 구성원 전원이 '새'나 '나무' 중에서 다른 팀이 모르게 하나를 결정하도록 한다.

이제 진행자의 '준비!', '시작!' 하는 신호에 따라 비밀리에 선택한 동작을 취하도록 하는데 그 결과에 따른 승부 판정은 만약 한 팀이 '나무'를 선택하고 세 팀이 '새'를 선택하였다면 '새'를 선택한 세 팀이 승리한 것으로 판정하면 된다.

진행자는 게임을 3~5회쯤 진행하여 보다 많이 이긴 팀이 승리한 것으로 판정하면 된다.

보다 많은 팀이 승리한 것으로 판정하는 이유는 참가자들의 의견 일치 과정을 통하여 집단의 '우리 의식(we-consciousness)'을 조성하도록 하기 위함이다.

곰을 잡으러 갑시다 **19**

10~15명을 한 단위로 하여 몇 팀으로 나눈다.

진행자의 안내대로 참가자 전원은 다음과 같이 소리 치며 동작을 연습한다.

①**곰을 잡으러 갑시다**(4박자) : 모두 두 손으로 무릎을 네 번 두드린다.

②**수풀 사이로 갑시다**(4박자) : 두 손바닥을 모아 가슴 앞에서 이리저리 움직이는 동작을 한다.

③**헤엄 쳐서 갑시다**(4박자) : 두 팔로 개구리헤엄을 치는 동작을 두 번 한다.

④**나무 위로 올라가**(4박자) : 손바닥이 아래로 향하게 하여 펴고 가슴 앞에서부터 벽돌을 올려 쌓듯이 머리 위를 향하여 손 위에 손을 올려 쌓는다.

⑤**이리저리 살피고**(4박자) : 오른손을 머리 위에 가져다 대고, 여기저기를 살피는 모양으로 고개를 좌우로 흔든다.

⑥**다시다시 내려와**(4박자) : '나무 위로 올라가'의 동작을 머리 위로부터 시작하여 가슴 앞까지 내려온다.

⑦**성큼성큼 기어서**(4박자) : 두 팔을 가슴 앞에서부터 앞으로 크게 휘저으며 기어가는 동작을 한다.

⑧**살금살금 기어서**(4박자) : '성큼성큼 기어서'의 동작을 작게 한다.

⑨**곰이다**(4박자) : 바로 옆 사람의 어깨를 감싸 안는다.

⑩**잡았다**(4박자) : 오른손 주먹을 불끈 쥐고 팔을 머리 위로 높이 올린다.

⑪**좋다**(4박자) : 손뼉을 한 번 친다.

＊이상의 동작을 팀 대항 형식의 게임으로 진행한다.

IV 분위기 조성을 위한 레크리에이션

20 춤추기경연

6~10명을 한 단위로 하여 몇 팀이든 인원수에 따라 팀을 나눈다.

게임이 시작되면 진행자는 분위기에 맞는 신나는 음악을 준비하여 팀별로 다 함께 춤을 출 수 있게 한다.

처음에는 분위기 조성을 위하여 '다 같이 손을 잡고 원형으로 돌면서 춤추기', '박수를 치면서 춤추기', '한 사람씩 차례로 원 안에 들어가서 춤추기' 등으로 진행자가 어느 정도 참가자들의 적극적인 참여를 유도하는 것이 좋다.

분위기가 고조되면 팀별로 개성과 취향에 따라 재미있게 자유로운 표현에 따른 춤이 이루어지도록 한다.

결국 어느 팀이 가장 재미있게 전원이 참여한 가운데 춤을 잘 추었는가에 따라 승부를 정하면 된다.

판정이 어려울 때는 팀마다 자기 팀을 제외한 다른 팀에 대한 심사를 하도록 하여 전체 의견에 따른 판정으로 승부를 가리는 것이 좋겠다.

참고 문헌

1. 박창영. 『레저 레크리에이션(실내편)·(실외편)』. 일신서적출판사. 1997.
2. 박창영. 『레저 레크리에이션 이론과 실제』. 일신서적출판사. 1992.
3. 박창영. 『레크리에이션 노래·율동 레슨』. 일신서적출판사. 1993.
4. 박창영. 『레크리에이션 연구와 지도원리』. 일신서적출판사. 1998.
5. 박창영·김경남. 『레크리에이션 이벤트』. 일신서적출판사. 2002.
6. 박창영·김미양·임호남. 『레크리에이션과 즐거운 댄스』. 일신서적출판사. 2002.
7. 박창영. 『치료 레크리에이션』. 일신서적출판사. 2002.
8. 박창영·김성은. 『치료 레크리에이션·수화 레크리에이션』. 일신서적출판사. 1999.
9. 박흥세·성락원·김의공 『레크리에이션 이벤트』. 삼호미디어. 2001.
10. 이기문 감수. 『동아 새 국어 사전』. 동아출판사. 1988.
11. 이희범. 『노인을 위한 레크리에이션 프로그램』. 도서출판 21세기교육사. 1991.
12. 일본 레크리에이션 협회. 『현대 레크리에이션 백과 I』. 동경. 1976.
13. 한양순. 『레크리에이션의 이론과 실제(上)·(下)』. 연세대학교 출판부. 1977.
14. 한용득. 『관혼상제』. 홍신문화사. 1980.
15. 황규완. 『행사·문화 축제·캠프 가이드』. 정문출판사. 1999.

박 창 영(朴昌榮)

· 연세대학교 신과대학 신학과 졸업
· 문화공보부 건전오락 심의위원
· 덕성여자대학교, 전주 우석대학교, 성공회대학교, 경기대학교 사회교육원, 이화여
  자대학교 평생교육원, 중앙대학교, 경기대학교 교육대학원, 장안대학, 서울신학대
  학교, 고려대학교 사회교육원, 명지전문대학, 서일대학, 청운대학교, 공주대학교
  평생교육원, 호서대학교, 순천향대학교 사회교육원 강사.
· 산업레크리에이션 연구소 소장
· 내무부 지방행정 연수원, 보건사회복지 연수원, 한국 장애인고용촉진공단 연수
  원, 대한 적십자사 강사.
· 저서 :〈레저 레크리에이션 실내편 · 실외편〉(2권),〈레저 레크리에이션 이론과
  실제〉,〈레크리에이션 노래 · 율동 레슨〉,〈레크리에이션 연구와 지도원
  리〉,〈치료 레크리에이션 · 수화 레크리에이션〉,〈레크리에이션과 즐거운
  댄스〉,〈레크리에이션이벤트〉,〈산업레크리에이션의 이론과 실제〉,〈노래
  지도의 실제〉(2권),〈치료 레크리에이션〉 등
· 표창 : 대한적십자사 청소년 적십자 지도유공
        체육부 올림픽 기장(문화장)
        한국청소년연맹 청소년 훈장(금장)

Recreation Event Series Vol I

파티 · 잔치 레크리에이션

중판 · 발행   2006년 2월 20일

● 저 자   박 창 영
● 발행자   남   용   ⓣ
● 발행소   일신서적출판사

주 소 : 1 2 1 - 8 5 5
        서울시 마포구 신수동 177-3
등 록 : 1969. 9. 12.(No. 10-70)
전 화 : 영업부 (02)703-3001~5 / 편집부 (02)703-3006~8
FAX : 영업부 (02)703-3009 / 편집부 (02)703-3008

ⓒ박창영. 2002.   ⓣ 값 10,000원
ISBN 89-366-0898-3